中公新書 2279

松尾秀哉著

物語 ベルギーの歴史

ヨーロッパの十字路

中央公論新社刊

はしがき

ベルギー王国について、日本人はどのようなイメージをもっているだろうか。チョコレートの国としての印象があるかもしれないし、無数の地ビールがある国だと知っている人も多いはずだ。また国際政治に詳しい人は、EU（ヨーロッパ連合）やNATO（北大西洋条約機構）の本部を抱える「ヨーロッパの首都」ブリュッセルを首都とする国として思い浮かべることだろう。

こうしたイメージは、それぞれベルギーを言い表している。ベルギーは、面積が約三万平方キロメートル。日本の関東地方とほぼ同じ広さで、人口は一一〇〇万人強。つまり東京都の人口と同じくらいの小国である。都市部の人口密度は東京並みに高いが、農村部はそれほどでもない。電車や車から眺めていると、都市境を出てからはのどかな田園風景が続く。

概して夏は涼しく過ごしやすい。夜も九時ごろまで明るい。逆に冬は寒くて雪も多く、日照時間も短くなる。日本で言えば北海道の気候に一番近く、西岸海洋性気候に区分される。冬の天気のいい日には、老若男女を問わず日光浴するのが、ベルギーの人々の習慣になっている。

そのため、ベルギーの人々の生活の様子は、日本人から見るとのんびりしているように映る。

昼休みを長くとり、日光浴を楽しむ。夜もゆっくりと遅くまで食事とビールを味わう。時間に追われて生活している人の姿をあまり見かけない。

この一見のんびりしたようにも見えるベルギーが、独立以来もっとも悩まされてきたのは「言語問題」である。この国の北方は、オランダ語を話す人々が暮らすフランデレン（フランス語では「フランドル」。英語では「フランダース」）地方、また南方はフランス語を話す人々が暮らすワロン地方と呼ばれている。さらに人口の〇・五％はドイツ語を話す、多言語国家である。多言語国家はヨーロッパでもスイスやスペイン、アメリカ大陸でもカナダなど数多く、それぞれに問題を抱えているが、それはベルギーでも同様である。

現在、言語の観点から見たフランデレン民族とワロン民族の人口比は、六対四と言われている。独立時にはフランス語だけが公用語であったが、その後オランダ語の公用語化をめざすフランデレン運動が起こり、今はそれぞれの地域ごとに公用語が定められている。近年、フランデレンとワロンの対立は激しさを増し、この国に影を落としている。

歴史に目を転じると、この地は、西欧の中心に位置しているため、独立以前は大国が奪い合いを続けていた。独立は一八三〇年で、まだ西欧では若い国である。かつてローマ帝国の支配下にあったとき、この地は「ベルガエ人」が暮らしていたことから、「ベルギカ州」と呼ばれていた。この「ベルガエ」がベルギーの語源とされる。しかし、その後「ベルギー」の名は西欧史において、独立するまでほとんど目にすることはない。ネーデルラントやフランデレン地方と呼ばれていたのだ。

一八三〇年にベルギーがオランダから独立したとき、かつてその地を統治していた隣国フランスの新聞は、このニュースを「国内事情」の欄で紹介した。また第三代国王アルベール一世の王妃がドイツから嫁いでくると、ドイツの新聞は、「これでドイツはこの地を勢力圏に収めることができた」と報道した。

現在でもフランス人のなかには、自国で意にそぐわない政権が成立すると、「もうベルギーに移住しよう」というジョークが飛んだりする。よく言えばベルギーは「第二の故郷」なのだろう。また、かつての支配国オランダでは、ベルギーのオランダ語を「訛《なま》り」と馬鹿にするジョークがある。オランダからすれば「田舎者」というわけだ。

この各国に振り回されてきた小国の国章の中央には、ライオンの絵が描かれている。そう、百獣の王である。在日ベルギー大使館の正面入口にもこの絵が目立つように飾られている。これは、一三〇二年にフランスの侵略を退けた戦いに由来し、その後も侵略者ナポレオンを退けた、一八一五年のワーテルローの戦いを記念する獅子《しし》像に引き継がれてきた。

ナポレオンに限らず、かつてローマ帝国のカエサルに一時は侵略を断念させた「勇敢なベルガエの人々」、第二次世界大戦のときアドルフ・ヒトラーの侵攻に徹底抗戦した「ベルギーの戦い」などを誇って、ベルギーの人々は自らの国の歴史を振り返るとき、しばしば「勇敢な」という表現を用いる。西欧の中心であるからこそ、そして大国に振り回されてきたからこそ、都市や地方の自治を誇り、自由を愛して、勇敢な獅子のように戦った歴史があるのだ。

本書では、大国の侵略や多言語の問題に悩まされながら、時に戦い、時には妥協の道を探ってきた人々の歩みを語っていきたい。特に本書では国王とその周りの人々にスポットライトをあてる。今まで日本語でベルギーの国王、その人物像に注目して書かれた通史がなかったことに加えて、多言語国家ベルギーの国王こそ、その苦悩の歴史を体現していると考えられるからだ。

序章は「独立前史」から始める。特にこの地を愛したカール五世や、第一回十字軍で指揮をとったブイヨン公など、輩出してきたリーダーの姿、そして侵略者に抵抗する人々の闘いの姿を通じて、独立以前の歴史を綴《つづ》りたい。

第1章では、ベルギー王国の成立を述べる。初代国王レオポルド一世は、現在のドイツ、ザクセン地方のコーブルク゠ゴータ家の出身だった。彼はフランス、オランダなど大国の狭間《はざま》にある、この面倒な多言語国家をまかされて頭を抱えた。そして多言語であることにこの国の希望を見いだした。その姿を描く。

第2章では、一九世紀から二〇世紀初頭にかけての時期を扱う。レオポルド二世の治世である。彼は多言語という問題を、富国強兵政策や植民地獲得によって克服しようとした。それは確かにベルギーと彼に富をもたらしたが、別の問題を生み出すことにもなっていった。また多言語の問題も残り続け、その苦悩のなかで「合意の政治」という手法が生み出されていく。

第3章は二つの世界大戦におけるベルギーを描く。第一次世界大戦時、ドイツの侵攻に「ベルギーは道ではない！」と叫んで徹底抗戦したアルベール一世。そして中立政策を徹底したがゆえに、第二次世界大戦に巻き込まれ、その後国を守るためにドイツに降伏したことから「裏切り者」と呼ばれたレオポルド三世。この二人の国王が軸となる。

第4章から第6章は戦後ベルギーの歴史である。ここでの焦点は三つある。

第一に前述の言語問題を解決するために連邦制が導入される過程を描く。特に「統一した国家ベルギーを維持するために連邦国家にしなければならない」と考えた国王ボードゥアン一世や政治家たちの歩みを追う。

第二に、その帰結である。ベルギーは一九九三年に正式な連邦国家となったが、その後も言語問題は解決していない。例えば、一年半も新政権が発足しない「分裂危機」と言われる事態が生じている。この背景にあるさまざまな社会問題や、国王アルベール二世の苦悩、そして「合意の政治」の現在を論じる。

最後に、ベルギーの外交である。ベルギーは欧州統合の推進国として知られてきた。その意図は何であったのか。また、レオポルド二世の時代に始まった植民地政策が破綻《はたん》した過程と帰結にも触れる。一九六〇年のコンゴ動乱、一九九四年にルワンダで生じたジェノサイドは、史上稀《まれ》に見る悲惨な民族紛争であった。その原因を生んだベルギーの責任は、あまりにも重い。

終章では、この獅子の国の苦悩と勇敢な闘いの歴史が、われわれに投げかける問いを筆者なりに提示してみたい。

支配の歴史のなかで、そしてそれに抵抗する闘いの歴史のなかで、ベルギーは「多言語国家」となり、独特の「妥協」や「合意」の手法を生み出した。しかし、それは簡単なものではなく、時に為政者たちの苦悩と痛みをともなうものであった。しかも「妥協」や「合意」に終わりはない。時代が変われば人も変わり、環境も変わる。そうなればもう一度新しい妥協に向けた話し合いを始めなければならないときもある。「超多言語共同体」になりつつあるEUを考えるとき、そして民族の争いがやまない現代世界について考えるとき、この悩み多き多言語国家の歴史から学ぶことは多い。

あるベルギー人の歴史学者が筆者に「複雑なベルギーの歴史を、簡単に描くことなど不可能ですよ」と笑いながら言ったことがある。裏を返せば、それはベルギーの歴史が複雑であるがゆえにとても面白く、取り組み甲斐《がい》があるということではないか。本書を通じて、その面白さが少しでも伝われば幸いである。

なお、本書では人名や地名の表記については、日本で慣用的に用いられている表記を採用していることをあらかじめお断りしておく。特に日本語表記の場合、フランデレンやワロンという語は、地方、言語、民族などを示す多義的な語である。本書では特定が必要だと思われる場合について、「フランデレン地方」のように「地方」「民族」などの語を付すことにした。また、フランダース、フランドルという語は、「フランデレン」と表記を統一したが、中世の領主としては「フランドル伯」の呼称が人口に膾炙《かいしゃ》しているので、そちらを採用した。また、「ワロン」という語も「ワロニア」や、さらに「地方」などを指す場合に「ワロニー」が使い分けられることが多いが、本書では煩雑さを避けて、基本的に「ワロン」で統一する。

目次

物語 ベルギーの歴史

ヨーロッパの十字路

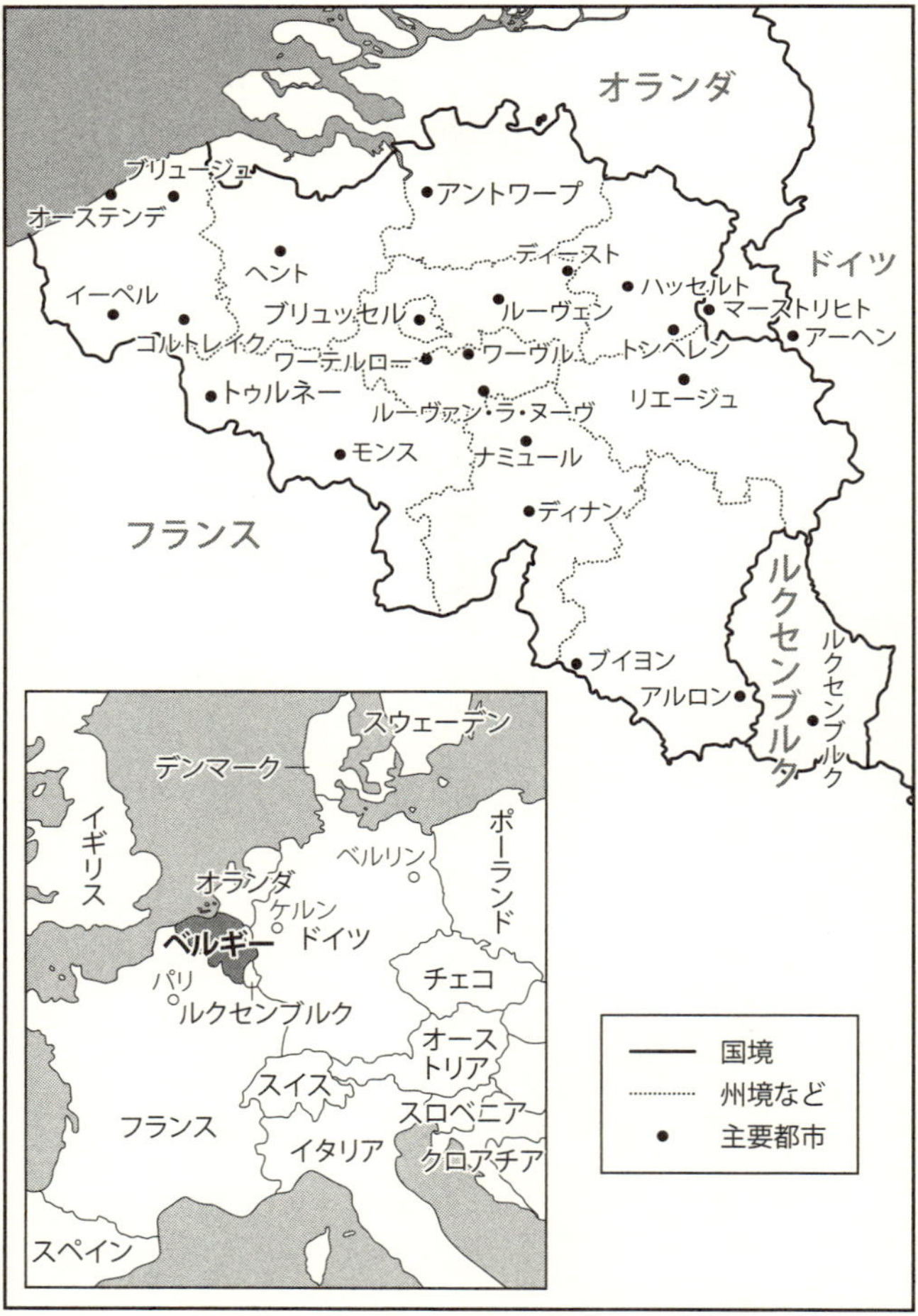

ベルギー王国略図（小川秀樹編著『ベルギーを知るための52章』［明石書店，2009年］をもとに作成）

序章　ベルギー前史

1　ベルガエの人々

「ヨーロッパの十字路」

ベルギーはフランスとドイツの間の狭い地帯に位置している。海を渡ればイギリスとも近い。このような地理的な条件のため、ベルギーの歴史はこの三大国に影響されてきた。

地図上で線を引いてみると、ベルリン（ドイツ）とパリ（フランス）を東西に結ぶ直線と、イギリスとイタリアを南北に結ぶ直線が、ベルギーで交差する。ベルギーは「ヨーロッパの十字路」である。ドイツがフランスに攻め入るときは、常にベルギーを通過した。

三大国以外にも、スペイン、オーストリア……時のヨーロッパの覇権国はこの地を支配下に収めようと争ってきた。この地をおさえることは交通、商業、軍事の戦略的要所を手にすることを意味する。ゆえにベルギーは、大国の進出や支配に翻弄《ほんろう》されてきた歴史をもつ。

一方で「十字路」には「地の利」もある。「十字路」はフランス、ドイツ、イギリスの経済、政治、文化の交流点でもある。例えば一九世紀にベルギー政府が取り組んだサントル運河建設事業は、河川運搬が主流だった当時、フランスとドイツの直通幹線を作り上げる大事業だった。この運河建設を最初に計画したのは、その千年前に大帝国を作り上げたシャルルマーニュだという説もあるくらいだから、どれほど望まれていた事業だったかがわかるだろう。

そのサントル運河は、四つの巨大な船のエレベーター（ボートリフト）で高さ六七メートルの丘を越えていく仕組みになっている。ベルギーは海抜一〇〇メートルに満たない地域もあり、かつて隣国オランダとともに「低地諸国（ネーデルラント）」と呼ばれてきた。そのような環境もあって、堤防・治水工事の技術は進んでいた。当時の最先端技術を駆使して作り出されたこのリフト付き運河によって、一九世紀のベルギーは「黒いダイヤ」と呼ばれた石炭の採掘・運搬の要《かなめ》となり、ヨーロッパでもっとも豊かな国となった。だからこそ周辺国はどうしてもベルギーを手に入れたかったし、また一方で特定の大国がこの地を支配下におくことを他の大国は嫌がり、政治的な駆け引きが行われた。

「十字路」であることは豊かな利益をもたらすが、他方でその利権を狙《ねら》う他国の干渉と支配を呼び込み、複雑な歴史をこの国に与えたのである。

勇敢なベルガエ人

現在のフランス、ベルギー、ルクセンブルクの一帯は、紀元前五世紀ごろには、ローマの人々から「ガリア」と呼ばれていた。この地には「ガリー」というケルト民族が多数暮らしていた。この名は、ローマ人が出会ったガリアの民が雄鶏《おんどり》の旗印をつけていたことから、ラテン語で雄鶏を意味する「ガリス」が語源とされる。すでにキヴィタスと呼ばれる集落があり、鉄器文化も発達していた。

その地の少し東寄りにはゲルマン民族が住んでいた。タキトゥスは『ゲルマーニア』のなかで「胴体、四肢は野獣」「高貴な野蛮人」とゲルマン民族のことを称している。彼らはしばしばライン川を越えてガリアに侵入して略奪を繰り返したので、ゲルマンとガリーの間にいさかいが絶えなかった。紀元前一世紀ごろゲルマン系のスエヴィ族がガリアに入り、ガリーのヘルヴィート族を西に追い出していく。ゲルマンに追われたガリーの一部はローマ共和国に援助を求めた。

この要請を受け、ローマのカエサルは「危険な隣人は取り除くべきだ」と考えてガリアへ出征した。カエサルは侵入を繰り返すゲルマンだけではなく、不穏なガリア一帯を「危険な隣人」の住むところと考えて、全土の制圧を目論《もくろ》んだのだ。これが紀元前五八年のこととされる。カエサルが『ガリア戦記』で詳しく描いた戦いが始まった。なかでも現在のベルギーあたりに住んでいた、ガリーの「ベルガエ」と呼ばれた人々は「もっとも強い」とカエサルを恐れさせた。

一口に「ベルガエ」と言っても、実際にはさまざまな部族がいた。フランス、パリあたりにいたのがパリッシィー族。そして、「ベルガエ」のなかでも、ベルギー人の原型と言われているのがネルウィ族である。ネルウィ族は勇敢に抗戦したが、最終的にカエサル率いるローマ軍に屈した。史料によれば、ネルウィの人々はカエサルを「雌狼《めすおおかみ》」と呼んで詩に詠《うた》い、その徹底した殺戮《さつりく》ぶりや略奪を恐れた。ベルギーの作曲家バルト・ピクールは、吹奏楽曲『ガリア戦記』で、「雌狼」と戦い、敗れ、そして少しずつ未来を見て立ち直っていくネルウィ族の情景を描写している。カエサルの最初の出征から約八年後、ガリアはローマに制圧されることになる。

カエサルは征服した部族を捕虜や奴隷とし、物品を略奪して戦利品とし、自分に尽くした人に金をばらまくことで支配を確立していった。しかし、ベルガエの人々はやはり「勇敢」であった。例えば早々に征服されたアトレバテス族の首長コンミウスは、ブリテン出征の際にはカエサルの右腕として仕えたが、その後反旗を翻している。カエサル統治時代のガリアにおける最大の叛乱《はんらん》であった。最終的には屈したが、大国ローマの支配に果敢に挑戦したのだ。

ローマ軍がガリアを制圧して、ベルガエの地はローマの属州「ガリア・ベルギカ」の一部となる。ローマはここにさまざまな都市、道路を建設した。ローマ軍の拠点としてこの時期建設されたベルギー最古の都市が、後のフランク王国の首都トゥルネーである。土地台帳が整備され、文明語としてのラテン語が普及した。時がたつにつれ、ガリアの人々はローマの生活様式、慣習になじんでいった。

ローマとゲルマンの狭間で——言語境界線

ローマの支配下に入った三世紀以降、ベルギーの歴史にかかわる重要なことが生じた。ガリアの東にはガリア制圧を免れたゲルマン民族がまだ多数暮らしていたが、その一つである西ゴート族が一気にローマ領に侵入したのだ。三七五年に他のゲルマン民族たちも後に続いた。これがゲルマン民族の大移動である。やすやすと異民族の進出を許すほど、ローマは衰退の時期を迎えていた。

現在のベルギーあたりに入ったのはフランク族である。ローマ軍は、ベルギカを東西に走る（ケルンからトンヘレンを経てブーローニュにいたる）軍用道路まで退却した。

この軍用道路から南は山岳地帯が広がっており、そこに位置するトンヘレン、トゥルネー、ナミュールなどの都市にはさすがのフランク族も容易に攻め入ることができず、軍用道路の北側にとどまった。北部はここまでのローマとフランク族のせめぎあいによって、すでに無人地帯と化していた。ここにフランク族は植民し、軍用道路が、その後ゲルマン（フランデレン）とローマ（ワロン）を分かつことになる。南北で民族・言語が異なるエリアができたのである。これが後のベルギーを分かつ「言語境界線」と呼ばれるものになっていく。

考古学や言語学の見地から地名、接頭語、接尾辞などを見ていくと、おそらく当初は、この軍用道路一本で民族・言語が完全に分けられていたわけではなく、軍用道路をはさんで両言語（民族）が共存する地域もあり、多言語で交流する地域も生まれた。しかし、フランク王国の首都がパリに移ったのを機に、言語・民族が地域ごとに集約されていき、少しずつ「線」に収斂《しゅうれん》していった。最終的に現在のラインに確定したのは一九六〇年代のことである。

2 「ヨーロッパの十字路」の運命

フランク王国からシャルルマーニュへ

ゲルマン民族の大移動以降、ローマ帝国は衰退していく。同時に、ベルギー（属州ベルギカ）の名は歴史の表舞台には見えなくなる。しかし、その名が歴史から消えたのは、この地が辺境だったからではない。むしろ、それぞれの時代に西欧を支配した王国や帝国の中心的な地域だったため、その時々の国名を冠する名で呼ばれたので、ベルギーの名が消えてしまったのだ。

ローマ帝国に代わってこの地を治めたのはフランク族であった。トゥールのグレゴーリウス（五四〇ころ〜五九五）の『フランク人の歴史』によれば、フランクの人々もやはり多数の部族に分かれていた。五世紀前半、ベルギー南東部、ドイツ国境近くの都市トンヘレンを拠点にするフランク系部族サリ族のクローディオがローマ軍を破り、この地の首長となった。そしてそれを継いだのがメローヴィスである。彼の名は、フランク族の王朝であるメロヴィング朝の由来となっている。その孫クローヴィス（四六五〜五一一）はトゥルネーに王宮をおくと、四九六年にキリスト教に改宗し、「カトリックの王」を名乗りながら周辺のフランク系部族を武力で統一し、五〇七年に全ガリアを支配するようになる。

シャルルマーニュ

後にクローヴィスは首都をトゥルネーからパリに移すが、フランク王国の基礎はベルギーの地で築かれた。ベルギーの地はガリア全土に目を配ろうとする権力者にとって重要な戦略拠点になっていた。

さらに大きな帝国を作り上げていったのは、次のフランク族の王朝であるカロリング朝時代のシャルルマーニュ（カール大帝、七四二〜八一四）である。クローヴィスが五一一年に死んだ後、多部族が乱立する時期を経て、カロリング家のピピン三世（七一四〜七六八）が王位を継承した。

シャルルマーニュは、そのピピン三世の子である。シャルルマーニュの甥《おい》の側近であったアインハルト（七七〇ころ〜八四〇）の『カール大帝伝』は、シャルルマーニュがどこで生まれたのかははっきりしないとする。ただ、現在ではベルギーのリエージュ近郊の町、エルスタルで生まれたという説が有力である。リエージュには生誕の地であることを記念したシャルルマーニュ像が建てられている。

彼は遠征や相続によって、北は北海から南は地中海、東はドイツのエルベ川から西はピレネー山脈を越えて、フランスとスペインの国境にいたる大帝国を作り上げた。

彼の王宮（首都）はリエージュやエルスタルとも近いアーヘン（現ドイツ）に建てられた。なぜアーヘンだったのかは諸説ある。温泉を好んだシャルルマーニュが、著名な温泉地アーヘンを選んだという説もある。しかし何よりもここが首都とされたのは、広大な帝国を統治するに際して、アーヘンがほぼ中心地にあり、「ガリア、ゲルマーニア、イタリアの合流点」であったことが大きな理由ではないか。

「作り上げた」とはいうものの、広大な帝国を統治するシャルルマーニュの労苦は大変なもので、イスラムが進出して荒れる辺境地（南欧）に出兵することを、彼は大きな負担と感じていた。シャルルマーニュの活躍を謳《うた》う叙事詩『ロランの歌』は、「皇帝は出かけたくはなかった」、「神よ、なんとまあつらい人生だ」とシャルルマーニュの労苦をしのぶ。彼に託された帝国はあまりに広大だったのだ。このシャルルマーニュによって、ローマ時代に属州だったベルギカは、広大な西欧の中心地になった。

キリスト教の伝来と十字軍

この地の歴史を考えるときに、無視できない点としてキリスト教の影響が挙げられる。もともとフランクの人々は多神教を信じていた。三世紀ごろにはガリアにもキリスト教が伝えられたが、まだそれは東西に走るベルギカの軍用道路の南側に限られていた。南部はすでにローマの慣習、文化が根づきつつあり、先述した四九六年のクローヴィスの改宗の影響もあってキリスト教が広まっていった。しかし、寒冷地である軍用道路の北側にキリスト教が伝えられたのは、南部より二世紀遅れた六三〇年のことである。伝えたのはフランスの宣教師、聖アマンド(五八四〜六七五)である。彼は聖バーフ修道院などを設立し、宣教の拠点を定めた。それが、現在ベルギー第三の都市ヘントの起源になっている。

この北部に暮らす人々は、古来伝わる多神教か、三二五年のニケア公会議で異端とされたアリウス派(イエスは神ではなく、神の被造物で、もっとも神に近い人間とする)を信仰していた。聖アマンドが伝えようとした、イエスを神と同一とするアタナシウス派の教義はどうにも彼らにはわかりにくかった。

異端や多神教を信仰するフランクの人々は聖アマンドを拒絶し、彼を殺害して遺体をスヘルト川に投げ入れたとされる。しかし、その悲劇的な死のために、この地は聖地とされ、巡礼者が絶えなくなった。その後、ヘントを中心にした北部にイングランドから宣教師が多く訪れ、キリスト教が定着し、広がっていくことになる。

八〇〇年にシャルルマーニュは、教皇レオ三世からローマ皇帝の帝冠を受けた。先ほどシャルルマーニュの王宮がアーヘンに建てられたと記したが、アーヘンはフランス語では「エクス・ラ・シャペル」と呼ぶ。「シャペル」とは「礼拝堂」を意味する。この名が示すように、アーヘンはキリスト教布教の活動拠点にもなった。ベルギーの愛国的歴史家エミール・カマルツ(一八七八〜一九五三)は、当時のベルギーにおいて「ヨーロッパでもっとも敬虔《けいけん》で信仰熱心な人々が多く生まれた」と記している。

また、十字軍の活動もこの地のキリスト教信仰を高めるのに一役かった。例えばベルギー南部でルクセンブルク国境近く、当時のロタリンギアの都市ブィヨンに城を構えていたゴドフロワ家の子孫、ゴドフロワ・ド・ブィヨン公（一〇六〇〜一一〇〇）は、第一回十字軍の指揮官の一人である。彼は、当時の叙任権闘争において神聖ローマ皇帝の側に立っていた人物であった。しかし、それでもローマ教皇の熱心な誘いに応じて十字軍に加わる。史料によると「平均よりは背丈の高い男で、屈強な手足、分厚い胸板」の「ブロンドの髭《ひげ》と髪の、けんかの強い男」であった。

彼が第一回十字軍でどれほどの働きをしたかは伝承でしか伝わらない。しかし十字軍遠征の費用捻出《ねんしゅつ》のために城をリエージュ司教に売却し、兄弟とともに十字軍に参加したのだ。一〇九九年にエルサレムを攻略し、出発時は一万人以上いた騎士たちの多くは死亡したか帰国したが、わずか三〇〇名とともにキリストの聖なる墓城を守るためエルサレムにとどまる。エルサレムで初代国王に選出されるも、聖地の「王」であることを嫌い、「聖墳墓守護者」を名乗ったとされる。

彼は、戦場での経験は豊富だったが指揮の経験はなく、また信心深さで知られていたわけでもないと言われている。では、なぜ彼が指導者だったのか。それは「十字路」たるブィヨンの地にあって、彼が多言語を理解できたことにあるのではないか。数多くの地域や国から集まっ

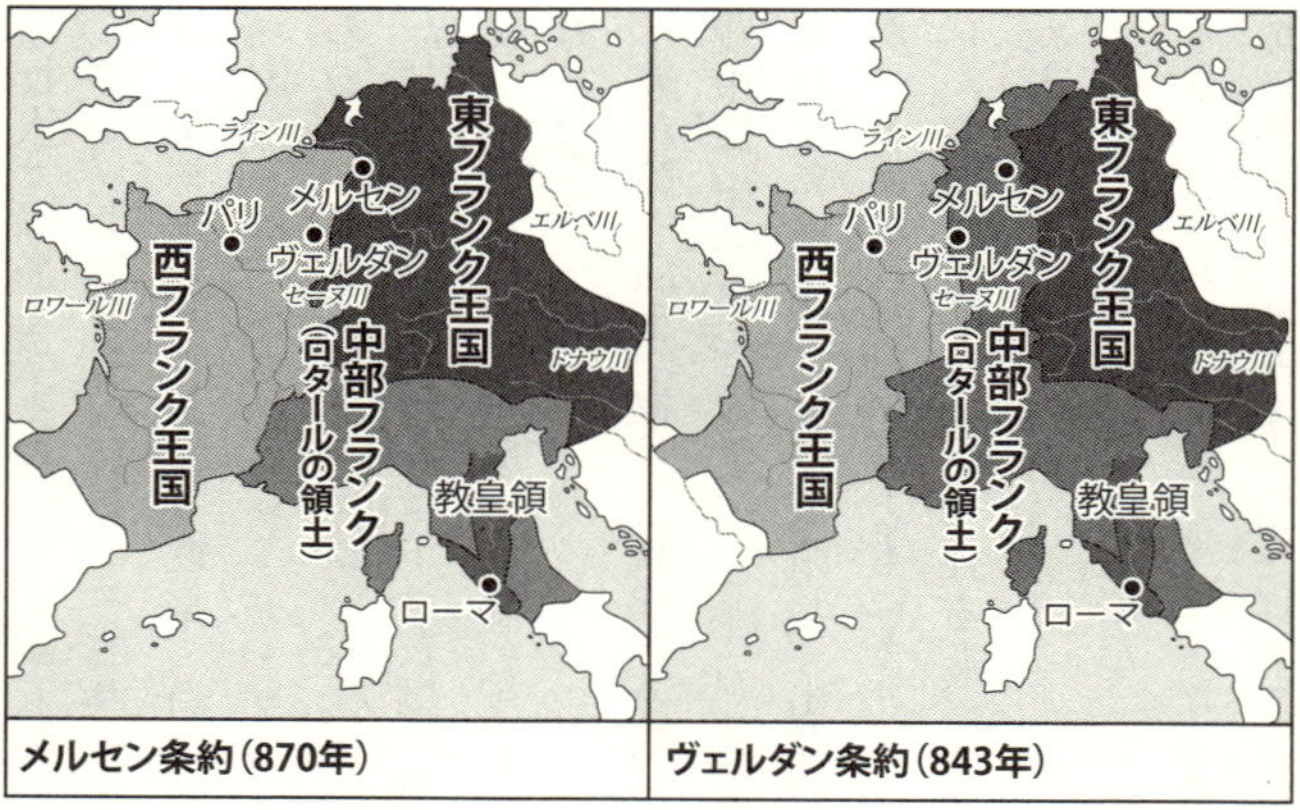

９世紀のフランク王国分裂（『アシェット版 図説ヨーロッパ歴史百科』［原書房, 2007年］をもとに作成）

た騎士たちを率いる重責を担えるのは、多言語を理解できる人物でなければならなかった。「十字路」出身者だからこそ、ヨーロッパの人々を束ねるリーダーとなれたのだ。

今もブリュッセルの王宮の前にはブィヨン公の彫像が堂々とそびえ立ち、ベルギーの繁華街を凛々《りり》しく見下ろしている。

フランドル自治都市の伝統

シャルルマーニュ治世下の比較的安定した時代に、この地は徐々に商業の要として発展していくようになる。シャルルマーニュの没後は、八四三年のヴェルダン条約によって大帝国が東フランク、西フランク王国および中部フランク王国に三分割された。ベルギーの大部分は中部フランク王国に属した。

その後、この中部フランクの利権を求めた東西のフランク王国が争って、中部フランク王国を分割することになる。これが八七〇年のメルセン条約である。この大帝国の分割によって、今日のフランス、ドイツ、イタリアの基礎ができた。この条約は、フランスとドイツが、ベルギーの民族的、宗教的統一性を無視してベルギーの地を分割した起源だと言ってもいいかもしれない。

王国間の争いの結果、この地では自己防衛の意識が高まり、各地の領主が自立して力をもった。九世紀は、ヨーロッパ北部にノルマンが、南部にイスラムが侵攻してきた世紀でもある。ただでさえフランク王国の分割をめぐって争いに明け暮れる王国には頼ることができない。各々の領主は自ら騎士を雇ってノルマンの侵攻から身を守らなくてはならなかった。こうして騎士や農民と領主の間の主従契約によって互いを守り合う封建制が発展した。おおよそ一二世紀までにこの地にもいくつもの領邦が台頭するようになった。ブラバント（フランス語の読みではブラバン）、エノー、アルトワ、ゼーラントなどの伯領とともに、もっとも力をもったのがフランドル（フランデレン）伯である。

フランドル伯領は現在の東《オスト》・西《ヴェスト》フランデレン州、フランス、オランダの一部を含む地域で、その土壌は染料植物の栽培に適しており、さらに仕上げの段階で余分な染料を洗い流すための洗浄剤に適した酸性白土も豊富であった。また海を渡れば羊毛の原産地であるイングランドに近い。毛織物業の拠点として当時のヨーロッパでもっとも栄えた地域の一つとなった。

一二～一三世紀になるとフランドル伯領は、布地をバルト海や地中海沿岸へ売る商業の中心地となった。地中海やバルト海方面に布地を売りに行く旅路の途中で、商人たちは休み休み「市」を開いて商売した。フランデレンに数多く見られる「マルクト」（フランス語で「プラス」）はこの「市」の名残で、もっとも発展したのがブリュッセルの世界遺産である「グラン・プラス」である。

この「市」を起点に人々が集まり、商人を中心とする共同体である「都市」が発展していった。都市の商人や職人たちは「職業別組合（ギルド）」を作り、「自治都市（コムーネ）」を形成して、自由に商売できるよう伯に要求した。一般に商売の自由や自治を求める都市の商人たちと伯とは対立していたが、フランドル伯は利権を生み出す商人たちの自由を認め、保護した。ブリュージュ、ヘント、ブリュッセル、イーペルなどの都市が「自由のフランドル」と呼ばれた。

このフランドル伯領の自治都市は、その豊かさのゆえに他国から狙われた。一二九七年、フランス軍にフランドル伯領は併合される。しかし、その五年後の一三〇二年にはブリュージュで民衆が蜂起《ほうき》し、フランス人兵士を虐殺して、フランドル伯の旗である「黒獅子旗」を高らかに掲げた。

これを機に他の貴族や市民も長槍《ながやり》を手に戦い、フランス軍を追い出した。戦いの終わった戦場には、フランス軍が使用していた馬具である黄金の拍車が散らばっていたという。「金拍車の戦い」と呼ばれる、フランデレンの自治の誇り、勇猛さを物語る歴史的事件である。

その後、これらの自治都市は、一三二八年にカッセルの戦いで再びフランスに併合される。さらにその後も、フランデレンの利権をめぐって、英仏百年戦争（一三三九〜一四五三年）が生じた。この地は大国から狙われ続けたのであった。

多言語話者のカール五世

百年戦争が終わるころ、ヨーロッパは近代へと突入していく。この地はフランス系のブルゴーニュ公国の支配下に入り、比較的安定した時代を迎える。この時期フランデレンの上流貴族であっても、フランス語を使用する傾向が強くなっていった。

しかし、ブルゴーニュによる統治の後、この地の運命は大きく変わる。一四七七年にブルゴーニュ公国のマリー（一四五七〜八二）がオーストリア＝ハプスブルク家のマクシミリアン一世（一四五九〜一五一九）と結婚、さらに一四九六年にはマリーの子フィリップ端麗公（一四七八〜一五〇六）がスペイン王国の女子相続者ファナ（一四七九〜一五五五）と結婚したため、この地はスペイン＝ハプスブルク家の領地になった。すなわち、スペインもこの地に手を伸ばす権利を得たということだ。

フィリップ端麗公の子、スペイン王カルロス一世（一五〇〇〜五八）は、相続と選挙によって一五一九年にブルゴーニュ、オーストリア、ネーデルラント、スペインにわたる大帝国の皇帝、カール五世となった。かつての「ベルギカ」や「フランドル」の名は歴史から姿を消し、この地は現在のオランダの地と合わせて「ネーデルラント」と呼ばれるようになる。しかし、カール五世は現在のベルギーの都市であるヘントの生まれである。彼の母語は、スペイン語ではなく、当時のフランデレンの上流貴族が用いていたフランス語であった。戴冠《たいかん》はやはりアーヘンだった。ベルギーはまたもや大帝国の皇帝を輩出したのである。

カール五世は生誕の地をこよなく愛し、必要に応じて母語以外にも、スペイン語、イタリア語、ドイツ語、ラテン語を修得したという。この地に生まれたことが彼を多言語話者とした。

また、同じ時期にネーデルラントを出発点としてヨーロッパを渡り歩いたのが画家ルーベンス（一五七七〜一六四〇）や、ベルギーのルーヴェン・カトリック大学で哲学を学び、後に航海地図を考案したメルカトル（一五一二〜九四）である。人間性の豊かな可能性を謳った人文学のエラスムス（一四六五〜一五三六）もルーヴェン・カトリック大学の出身だ。「十字路」だからこそ一つの地域に限定されず、世界を夢見た人材が多く育った。

また、この時期は、ネーデルラントの執政の中枢としてブリュッセルが発展し、またスペイン統治に反抗的だったブリュージュに代わって、アントワープが貿易港として発展することになった。

宗教改革とオランダ独立戦争

続いてネーデルラントを震撼《しんかん》させたのが宗教改革である。一五一七年にドイツで宗教改革の火の手が上がる。ネーデルラントでは北部を中心にカルヴァン派が広がっていった。元来カトリックだったカール五世はカルヴァン派を弾圧したが、愛する生まれ故郷に対しては穏和な政策を採り続けた。

だが、一五五五年にこの地の統治権を継承したその息子、フェリペ二世（一五二七～九八）は寛容ではなかった。フェリペ二世は厳格なカトリック教育をスペインで受けて育った。そのためか、プロテスタントに対する異端審問所を設置し、法外な新課税を要求した。しかもこの地にスペイン軍を常駐させ、異国人をこの地の執政に用いた。しかし、そもそも自治の伝統が強いこの地の人々は、異国人に支配されることを嫌う。折しも食糧危機が生じた。もう我慢ならぬと、オラニエ公ウィレム（一五三三～八四）を中心に、貴族が立ち上がった。一五六六年にネーデルラントの貴族たちがブリュッセルの宮廷におしかけて、後に続いた民衆とともに教会や修道院を襲ってフェリペ二世に抵抗した。

フェリペ二世は徹底的な恐怖政治を敷いてこれを弾圧した。当初抵抗していたブリュージュやヘントは、早々に陥落した。ちなみにこのときの裁判で斬首《ざんしゅ》されたエフモント伯ラモラル（一五二二～六八）を主人公にして、後にゲーテ（一七四九～一八三二）は戯曲『エグモント』を創作している。そして、そのための劇中音楽『エグモント序曲』を創り出したのがベートーヴェン（一七七〇～一八二七）である。

抵抗運動はヘント陥落後も続き、カルヴァン派の強い北部七州の軍事同盟「ユトレヒト同盟」の結成（一五七九年）からオランダ独立（一六四八年）へと状況は変化していく。

しかし、スペインからオランダは独立したが、南部ネーデルラントは、一六四八年のウェストファリアの和議において、カトリックが多い地域としてカトリック国スペインの統治下におかれ、「スペイン領ネーデルラント」のままにされた（特にこれをミュンスターの和約と呼ぶ）。ここにおいて、現在のオランダとベルギーの国境線がおおかた確定した。

オランダとの訣別

なぜ南部ネーデルラント（後のベルギー）は、オランダに追従しなかったのか。その経緯と背景を見てみよう。フェリペ二世が度重なる戦争によって兵士に給与が払えなくなった一五七五年に、スペイン兵たちはブラバント州へ入り、略奪を繰り返し、人質をとり、身代金を要求した。「スペインの暴虐」と呼ばれる、屈辱の三日間である。もちろん南部ネーデルラントの人たちは勇敢に抵抗した。このスペイン軍の行為に反発して、一五七六年一一月には、南部ネーデルラントも、北部ネーデルラントとともにオラニエ公ウィレムの下に結集し、「ヘントの和約」が結ばれた。スペイン軍の撤退、異端根絶令の撤回、カルヴァン派に対する信仰の自由の保障などを主張して結束したのである。さらに翌一五七七年一月にはブリュッセル同盟が結成され、ヘントの和約が改めて確認されていた。

しかし、一五七九年にはスペインのパルマ公アレッサンドロ・ファルネーゼ（一五四五〜九二）が、新たにネーデルラントに着任し、執政を担当してから状況が変わった。彼は南部に接近し「ヘントの和約」を追認した。カトリックの多い南部ネーデルラントを懐柔しようとしたのである。そして南部ネーデルラント出身の人員を用いた現地軍を結成すること、公職がカトリック信者であること、フェリペ二世の子供の一人を南部で育て、将来的な総督とすることなどを、ワロン、フランデレン、エノーといった南部ネーデルラント諸州と約束して、オランダ独立勢力の切り崩しを行った。これが「アラス同盟」である。

アラス同盟結成以降も、ブリュージュ、イーペル、ヘント、ブリュッセルといった南部ネーデルラント、特にブラバント州の主要都市は、宗教の相違があるにもかかわらず、オランダ独立戦争に加わり、一五七九年に北部のユトレヒト同盟に参加していたが、一五八四年以降、徐々にスペイン軍の侵攻を受ける。そして最大の貿易港であり叛乱の拠点であったアントワープが一五八五年八月に陥落した。これをもって南部ネーデルラントはスペインに掌握された。

南部ネーデルラントはスペインにも怒りを抱いていたが、北部ネーデルラントのカルヴァン派にも恐怖を感じていた。そこにファルネーゼは巧みにつけこんで南北を分断したのである。

独立戦争後、南部ネーデルラントは、フェリペ二世の娘イザベラ（一五六六〜一六三三）がオーストリアのアルブレヒト（一五五九〜一六二一）と結婚する際に贈与された。そしてイザベラとアルブレヒトの共同統治下に置かれ、名目上は独立国家とされた。ベルギーの人々はこの統治に大いに期待し、真の独立国家の実現を夢見るようになった。

このときイザベラの下で、南部ネーデルラントからフランデレンを割譲しようとするオランダや、そのオランダと手を組もうとするフランデレンの諸伯の間に入って、南部ネーデルラントを守る役割をまかされたのがルーベンス（コラム参照）であった。ルーベンスは、しばしば伯たちから「画家ごときが！」と怒鳴られ、軽んじられたと言われている。しかし、彼の努力もあって、ベルギーの統一は守られ、独立国家への希望は膨らんでいった。

ただし、真の独立にはまだまだ時間を要する。スペイン継承戦争という新しい戦争が邪魔をした。そしてこれによって、オーストリアまでもがベルギーに手を伸ばす時機を得てしまったのである。

「嫁入り道具」として

オランダとは切り離されたが、スペイン支配下で、南部ネーデルラントは、毛織物を中心にした貿易の拠点として大いに発展した。しかし、スペインの覇権が陰りを見せた一七世紀後半、フランスのルイ一四世（一六三八～一七一五）が南部ネーデルラントを欲し、スペイン王カルロス二世（一六六一～一七〇〇）が、遺言によってルイ一四世の孫アンジュー公フィリップ（フェリペ五世、一六八三～一七四六）にこの地を贈与した。しかしイギリス国王ウィリアム三世（一六五〇～一七〇二）はそれを嫌い、オランダ、オーストリア、プロイセンなどと対仏大同盟を結成した。これを機に一七〇一年にスペイン継承戦争が生じる。一七一三年、ユトレヒト条約によって戦争は終わり、南部ネーデルラントはオーストリア＝ハプスブルク家の領土とされた。

この時代のベルギーは、あたかも大国の嫁入り道具のように扱われた。その結果、これから約一世紀の間、ベルギーは、フランスとオーストリア＝ハプスブルク家という二つの勢力の間で弄《もてあそ》ばれることになる。

3　フランス革命とウィーン体制

ハプスブルク時代のベルギー

スペイン継承戦争後、南部ネーデルラント（ベルギー）は、オーストリアの領地とされた。ハプスブルク家マリア＝テレジア（一七一七〜八〇）は代理をおいて、現地の人々に実際の執政を任せた。都市の自治の伝統に任せたのである。しかし、その子であるヨーゼフ二世（一七四一〜九〇）が、従来と異なる急進的な方針を採った。

ヨーゼフ二世は、母とともに啓蒙《けいもう》的絶対君主として知られている。国家の主権は教会の上位に位置する。国家主権は最上であるという考えが基本にある。しかし、ベルギーの人々はカトリック信仰を堅持し、カトリック教会の権威を重んじてきた。さらに伝統的に州・都市の自治を大切にしてきた。当然、ベルギーの人々はカトリックや自治の伝統を軽んじ、国家崇拝を課す絶対君主に反発した。

一七八一年にヨーゼフ二世がベルギーの地を初めて訪れたとき、彼は「真摯《しんし》に、徹底した調査のための訪問だ。呑《の》み、食い、踊るために来たわけではない」と述べて歓迎レセプションに出席すらしなかった。さらにヘントで、ブルゴーニュ時代の名画、ファン・アイクの『ヘントの祭壇画』を見学した際、そこに描かれたアダムとイブの裸身に嫌悪感を露《あら》わにしたため、慌てて絵がはずされる一幕もあった。

ヨーゼフ二世はシンプルな服装で、お付きは一名のみ。公式馬車で淡々と学校、兵舎、作業場などを見学した。ほとんどの時間を政庁で過ごし、人と交わることもなかった。文字通り「真摯に、徹底した調査」であった。そして調査の結果、ヨーゼフ二世はベルギーの人々を「ビールのことしか考えないフランス風の奴ら」と軽蔑《けいべつ》した。

その後、ヨーゼフ二世は、伝統的な州の特権を「時代錯誤である」として潰《つぶ》していった。例えば一七八六年には、地方・村ごとに行われていた祭典を、国でまとめて、しかも年一回にしようとした。一七八七年には州制度を変えて九つの行政区に作りかえ、中央から地方総監を派遣した。いずれも自治の伝統を切り崩して中央集権を推進させる改革であるが、外国人による支配を嫌い、祭を楽しみ、「ビールのことしか考えない」ベルギーの人々が怒りを覚えないわけがない。

ヨーゼフ二世の義兄弟アルベルト・カジミール（一七三八〜一八二二）はこの状況を察知し、

一七八七年五月一八日、彼に「最初の一人から最後の一人まで、すべての［ベルギーの］国民に熱狂的愛国心が浸透している。彼らは、オーストリア政府が課そうとしている法に従うつもりはなく、最後の一滴まで血を流す覚悟がある」と警告の手紙を送っている。

ブラバント革命

そんななかで、フランス革命のきっかけとなる一七八九年のバスティーユ襲撃の一報に、ベルギーの人々は勇気づけられた。フランス革命の考え方に影響を受けたフランソワ・フォンク（一七四三〜九二）と、ファン・デル・ヌート（一七三一〜一八二七）に率いられたカトリック勢力が共闘して愛国委員会を結成し、オーストリアに対して義勇軍を組織した。焦るヨーゼフ二世は軍隊を送り、義勇軍はいったん鎮圧される。

しかし、一七八六年に発布された信教の自由を認める宗教寛容令に抵抗して、一七八九年にルーヴェン・カトリック大学が校舎を閉鎖した。このままヨーゼフ二世のもとで、プロテスタントの教会がどんどんと建てられてはたまらないという意思表明である。さらに大学の閉鎖は、暴動にまで発展した。瞬く間に暴動はブラバント州全土に広がり、さしものヨーゼフ二世も「もしグラン・プラス［ブリュッセルの大広場］で発砲すれば、首都を焼け野原にしてしまう」と案じ、オーストリア軍を撤退させた。これがブラバント革命である。

一七八九年一二月一八日、ブリュッセルの聖ギュデル大聖堂で厳かに礼拝がもたれ、翌一七九〇年一月にベルギー全国議会は新憲法を採択し、ベルギー共和国の独立を宣言した。ベルギー国民の悲願が達成されたのだ。

だが、この共和国は、中央政府がほとんど権限をもたない。各州の決定に齟齬《そご》がある場合の調整、そして外交のみを中央の国民議会が決定する。あとはすべて州任せである。はっきりいえば、ヨーゼフ二世への反動から生まれたにすぎない。自治を好んだ貴族、そして教会や司教の特権を保護しただけで、フランス革命で謳われた人権思想などは新憲法にまったく盛り込まれなかった。フランス革命に影響されて立ち上がったフォンクらは憤り、フランスに亡命することになる。

このタイミングを、兄ヨーゼフ二世の死によって神聖ローマ皇帝となったレオポルド二世（一七四七〜九二）は逃さなかった。早くも独立宣言の翌月にレオポルド二世はベルギー議会と交渉を開始した。叛乱首謀者への大赦、中央集権的体制への回帰、ベルギー人の要職登用を約束し、軍と全権大使を送った。

さらに七月二七日にはイギリス、オランダ、プロイセンが神聖ローマ皇帝と軍事同盟（レイセンバッハ同盟）を結んだ。一一月二五日にはオーストリアが軍隊を率いてナミュールに達し、一二月二日にブリュッセルに入る。たちまちベルギーは制圧されてしまった。こうしてベルギー共和国の夢は一瞬で潰《つい》えた。

事態はさらに動く。今度はフランスがこの地を狙ったのだ。オーストリアの君主に支配されたベルギーに共和政を回復しようと目論んだのである。共和政とは、一言でいえば国王を必要とせず議会で方針を決定する国のあり方である。この後、フランス、オーストリア両国がしばしの間対立するが、それは一七九五年一〇月のフランスによる併合宣言で落ち着くことになる。

ブラバント革命後のベルギー国内では、フォンク派とデル・ヌート派の対立が生じ不安定な状況が生まれた。この対立は、この後もベルギーに引き継がれていくことになるが、それに乗じて、革命フランスと反革命派のオーストリアが支配を目論み対立を続けた。ナポレオン時代のフランス軍が強力にヨーロッパを統治するまで、不安定な情勢が続いたのであった。

フランス統治下の言語政策

革命後のフランスはその思想に従ってさまざまな改革を断行していた。宗教的祭典は「人類」「自然」などを祝う祭日へ替えられた。さらにフランス総統政府時代には強力な言語政策が導入された。

言語政策を振り返っておくと、ブルゴーニュ統治時代に、この地の上流階級にフランス語が広がった。しかしフランデレン地方では反発もあり、ヨーゼフ二世の母、マリア＝テレジアの時代に、この地は「自由特権」としてオランダ語の使用許可を得ていた。

一六六三年にルイ一四世がダンケルク（現フランス領）を占領した際、すべての公文書をフランス語で作成するよう命じたが、なかなか徹底されなかった。徹底した言語政策はフランス革命期に始まった。革命フランス政府は、単一言語政策を重視し、少数言語を容認しないこととした。一七九四年には最小行政単位にいたるまで、オランダ語の使用が禁止され、違反者には罰金が科せられた。

教育についても、すべての小学校がフランス語を使える教員を採用しなければならなくなった。なお、独立後の一八三三年には小学校におけるオランダ語の使用が完全に禁止された。非公式にはオランダ語教師のもとに子供を送っていた家庭もあったようであるが、校内でオランダ語を話せば罰金。一八九〇年には教会でのオランダ語使用も禁じられた。オランダ語の新聞や書物が町から消え、オランダ語は家庭内言語へと変わっていった。二〇世紀前半にはダンケルクにおけるオランダ語話者はほとんど消滅した。

フランデレン全域への徹底した言語政策は、総統政府時代からである。区役所には苦情が寄せられたが、フランス側は、「市民よ、すべての公文書をフランス語で作成しなければならないと法ははっきりと定めている。人間をもっとも強く結ぶ絆《きずな》は言語である。この絆によって［ベルギーの］市民を［フランス］共和国に結びつけることがどれだけ重要かわかるはずだ。統一の障害である多様性をなくさなくてはならない」と回答しただけだった。

行政、教育の言語はフランス語に統一された。市役所での手続きはフランス語を知らなければできなくなった。一八〇六年には道路標識もフランス語で表記された。強力な国家形成は統一言語でなされるというフランスの思想にもとづいていた。

しかし、フランス語の教師数は不足しており、すべての人々がフランス語を修得する機会に恵まれていたわけでもない。結局、フランス革命やブラバント革命を通じて、フランス語能力を獲得した一部の市民階級だけが利を得た。こうしてフランス語は、ベルギーにおいて実質的に上流階級の言語として定着していくことになる。その結果、言語能力が格差を生み出す要因となっていった。

ウィーン体制

フランス革命後のナポレオン体制は、一八一四年から始まったウィーン会議によって終止符を打たれる。新しくオーストリア、ロシア、プロイセン、イギリス、そして王党派が仕切るフランスを五大国とする国際秩序が成立した。この国際会議のなかで、フランスの大国化を恐れたオーストリアのメッテルニヒらによって、ベルギーはオランダ領とされた。これにより、オラニエ公ウィレム一世（一七七二〜一八四三）のもとで、ベルギーは「ネーデルラント連合王国」の一角を形成する。一八一五年六月に議定書は承認された。

その直前、一八一五年二月にナポレオン（一七六九〜一八二一）はエルバ島を脱出し、六月にフランス軍を引き連れ戻ってきた。ナポレオンと連合軍との最終決戦地が当時のフランス領、現在のベルギーにあるワーテルローであった。

ナポレオンは、ベルギーに親仏派が多いことを知っていた。しかもベルギーは一度共和国を

ワーテルローの丘にそびえる獅子の像

達成したにもかかわらず、すぐに神聖ローマ帝国の傘下に戻されてしまった。その無念や革命への憧《あこが》れについて、おそらく聞き及んでいたのであろう。ナポレオンはベルギーを戦いの地に選び、「革命派」の救世主として戦いに臨んだ。

シャルルロワ、ブリュッセル、ワーヴルなどベルギーの多くの地がこの最終決戦に巻き込まれた。結果は、イギリス・オランダ、そしてプロイセン軍の勝利であった。戦場跡とされる場所から少し離れたところに、小高い（人工の）「ライオンの丘」がある。そこにはブラバント公の紋章、獅子の像がフランスの方向を向いてにらみをきかせている。結局、ベルギーの人は親仏感情をもち、共和政に憧れてはいたものの、親ナポレオンではなく、他国から来る支配者には抵抗したのだ。

戦後処理のためのウィーン会議で取り決められたウィーン議定書は、五大国に有利なものであった。イギリスは地理的にもっとも近い貿易相手のベルギー、特にアントワープ港をフランス支配下から解放することを目論み、それに成功した。オランダは経済的、人口的に豊かな南部ネーデルラント（ベルギー）を手に入れた。さらにオランダ国王はルクセンブルク大公国の王を兼ねることになった。プロイセンはオランダからドイツ連邦内の領地を多く手に入れて大国となった。特にルクセンブルク大公国がドイツ連邦に加盟することになり、ドイツは守備隊を常駐させることに成功した。オーストリアとロシアは、フランスとの間にオランダという緩衝国を作り上げたことで、安全保障上の利益を得た。何も得られなかったのはベルギーだけだった。独立は認められず、人々の不満が募った。

ウィレム一世の政策

さらにベルギーでは、オランダ国王であるウィレム一世の言語政策によって一層不満が高まることになった。一八一九年九月一五日、ウィレム一世はフランデレン地方の公用語をオランダ語とし、一八二三年一月からそれを施行すると通達した。すでに多くのエリートはフランス語教育を受けていたので、その時点でオランダ語を理解できなかった士官のうち二人が解雇され、別の二名はワロン地区へ異動となった。

またウィレム一世は一八一七年から二〇年の間に公立の初等学校を作り、オランダ語を教育言語とした。オランダ語のみを教育言語とする学校には補助金が出された。しかし、これらの政策はフランス語に慣れたフランデレンの上流階級、そしてフランス語を母語とするワロンの人々から強い反発を招いた。特にカトリック教会を重んじる人々は公立学校の拡大に反対し、カトリック系私立学校の利益を守ろうとした。反発が高まるなかで、ウィレム一世は一八三〇年に、いったんオランダ語使用に関する勅令を無効にした。これがベルギーの人々には、ウィレム一世の弱さと受け取られた。反発は広がっていく。

言語政策に対する反発だけではない。ウィレム一世は貿易振興を中心にした経済政策や教育の普及を積極的に進めた。そして相次ぐ戦争によって破綻したオランダ経済を再生させるために、南部（ベルギー）の人々にも重税を課した。この時期、明らかに北部（オランダ）よりも南部のほうが工業は進んでいて、経済的に豊かだった。全国から税金を徴収することは当たり前と言えば当たり前だが、この課税は、ベルギーの人々からみれば不公平に映った。

しかも人口は北部（オランダ）が二〇〇万人に対して南部（ベルギー）が三二五万人であったのに、公用語はオランダ語とされ、下院議員数は同数、閣僚の多くは北部（オランダ）から選ばれた。これらの政策もベルギーの人々の不満を高めた。

こうした不満を背景にして、従来対立していた、「自由主義派」（フランス革命の精神を尊ぶフォンク派のこと）と「保守派」（デル・ヌート派のこと。カトリック教会の権威と利益を守ろうとする）が、一つの抵抗運動、「同盟（ユニオニスム）」を組織した。しかしウィレム一世は抵抗する人々を逮捕、投獄して弾圧した。このためウィレム一世に対する抵抗運動は一層激しいものとなっていった。

ベルギー建国までの道のり

ベルギーの地は「ヨーロッパの十字路」に位置しており、交易の拠点であった。ヨーロッパ中を飛び回る人材も数多く輩出した。しかし、十字路であるがゆえに、フランス、オーストリア、スペインなど時の大国がこの地を手に入れようとした。そのため、ベルギーの前史は、一言でまとめれば「大国に支配された歴史」となる。しかし、そうした支配を嫌い、勇敢に抵抗する自治の精神もこの地に根づいていった。オランダの支配に抵抗して、ベルギーの人々は独立のために立ち上がろうとしているのであった。

特に近代以降、この地を支配してきた大国は、強力に一言語公用語化を進めた。しかし、言語の相違は克服されず、それが独立後の言語問題として残ることとなる。

【コラム】美術——画家にして外交官ルーベンス

ベルギーでは、仮面をモチーフに、原色を用いた静物画や労働者の生活を独特の画風で描いたジェームス・アンソール（一八六〇～一九四九）や、シュルレアリスムの代表的な画家と言われるポール・デルヴォー（一八九七～一九九四）、ルネ・マグリット（一八九八～一九六七）などが生まれたが、もっとも知られている画家はピーテル・パウル・ルーベンス（一五七七～一六四〇）だろう。

ルーベンスはベルギー独立以前のドイツで生まれたが、父ヤン・ルーベンスと母マリアはアントワープ生まれ。だから「ルーベンス」はドイツ語の発音で、オランダ語では「リュベンス」となる。

父はスペイン領ネーデルラントで暮らすプロテスタントの信徒であった。スペイン統治下のネーデルラントで迫害され、ドイツへ逃亡した。その後に生まれたルーベンスは、父親の死（一五八七年）後、アントワープに戻る。

本文で述べたように、この時代は、宗教改革後の混乱の時代であり、オランダがスペインから独立しようとしていたときであった。ルーベンスはオランダ独立戦争の激戦地であるアントワープでカトリック信徒になり、聖像を禁じるプロテスタントに抵抗して宗教画を多く描いた。また人文主義教育のもとで多言語を修得した。

彼は一六〇〇年以降、スペイン王への贈答品を渡す公使の役割を担うこともあった。彼は、イザベラの宮廷画家として迎えられ、多言語を自由に扱う能力も認められて、絵を携えて政治的な外交交渉を担うことがあった。イザベラの庇護《ひご》の下で個人の工房をもつことも許され、多くの弟子が育った。

もっとも著名な弟子はアンソニー・ヴァン・ダイク（一五九九〜一六四一）である。この時期に描かれたのが、『フランダースの犬』で少年ネロが憧れた『キリスト昇架』（一六一〇年）と『キリスト降架』（一六一一四年）である。

その後彼はパリ、さらにはスペインとネーデルラント、そしてイギリスに渡り絵を携えて和平交渉に寄与した。それが讃《たた》えられ、後にスペイン、イギリスでナイトの称号を与えられている。

ベルギー（フランデレン）、アントワープの宗教的背景や地理的特徴が彼を多言語話者とし、特異な外交画家に育て上げたといえるだろう。

第1章　ベルギー独立——一八三〇〜六四年

1　一八三〇年の独立革命

音楽革命

前章で見てきたように、ウィレム一世に対する反発の気運が高まっていった。その折、隣国フランスでは、一八三〇年七月に、再び専制君主体制を打破する七月革命が起きる。シャルル一〇世（一七五七～一八三六）が追われ、「ブルジョワの王」ルイ・フィリップ（一七七三～一八五〇）が立てられた。この革命の潮流はベルギーにも波及した。

一八三〇年八月二五日、ブリュッセルの歌劇場ラ・モネ（建てられたのは一八一九年）で演じられたダニエル・オーベール（一七八二～一八七一）のオペラ、『ポルティチの物言わぬ娘』（スペイン人の圧政にナポリの人々が立ち上がったという筋）を観た人々は動き始めた。テノール歌手、アドルフ・ヌリ（一八〇二～三九）の『聖なる祖国愛』の歌声に鼓舞された人々は、劇場を出て次々と新聞社や銀行、政府関連の建物を包囲していった。抵抗運動は、歌声に勇気づけられた民衆の力を得て、一気に革命、独立運動へと変わっていく。ベルギーの独立革命が「音楽革命」と呼ばれるゆえんはここにある。

九月二三日から二六日にはブリュッセルを中心に「血の市街戦」と呼ばれるオランダ軍との激しい争いがあった。多数の死傷者が生じたが、それに勝利したベルギー側は臨時政府の設立を宣言し、一〇月四日、ついに独立が宣言された。

国王は誰か

しかし、独立はそのまま問題なく達成されたわけではない。オランダはベルギーを手放す気など毛頭なかった。ウィーン体制下のヨーロッパでは、五大国（オーストリア、ロシア、プロイセン、イギリス、フランス）の判断が重要である。ウィレム一世は親戚《しんせき》筋のロシア、プロイセンに援護を求めた。他方、フランスは先進工業地域だったワロンを勢力下に入れようと軍を準備していた。

一触即発の雰囲気のなかで、ベルギー臨時政府の首班であるシャルル・ロジェ（一八〇〇～八五）、オランダのウィレム一世が調停を求めて、国際会議の招集を五大国に要求した。どちらにも肩入れしていない、中立な立場のイギリスが会議の場所に選ばれ、翌月にはロンドン会議が開催された。ウィレム一世の意に反して、イギリス（パーマストン）、オーストリア（メッテルニヒ）、フランスの代表者らがベルギーの独立を承認した。

ロンドン会議で問題となったのは「誰をベルギーの君主とするか」であった。最初に候補に挙がったのは、オランダのウィレム一世の子、ウィレム王子であった。しかし、そもそもベルギーの人々には君主を置くことに対する嫌悪感があった。それがベルギー人ではなく、ついこの間まで自分たちを苦しめてきたオランダであればなおさらである。ベルギーの国民議会はそ

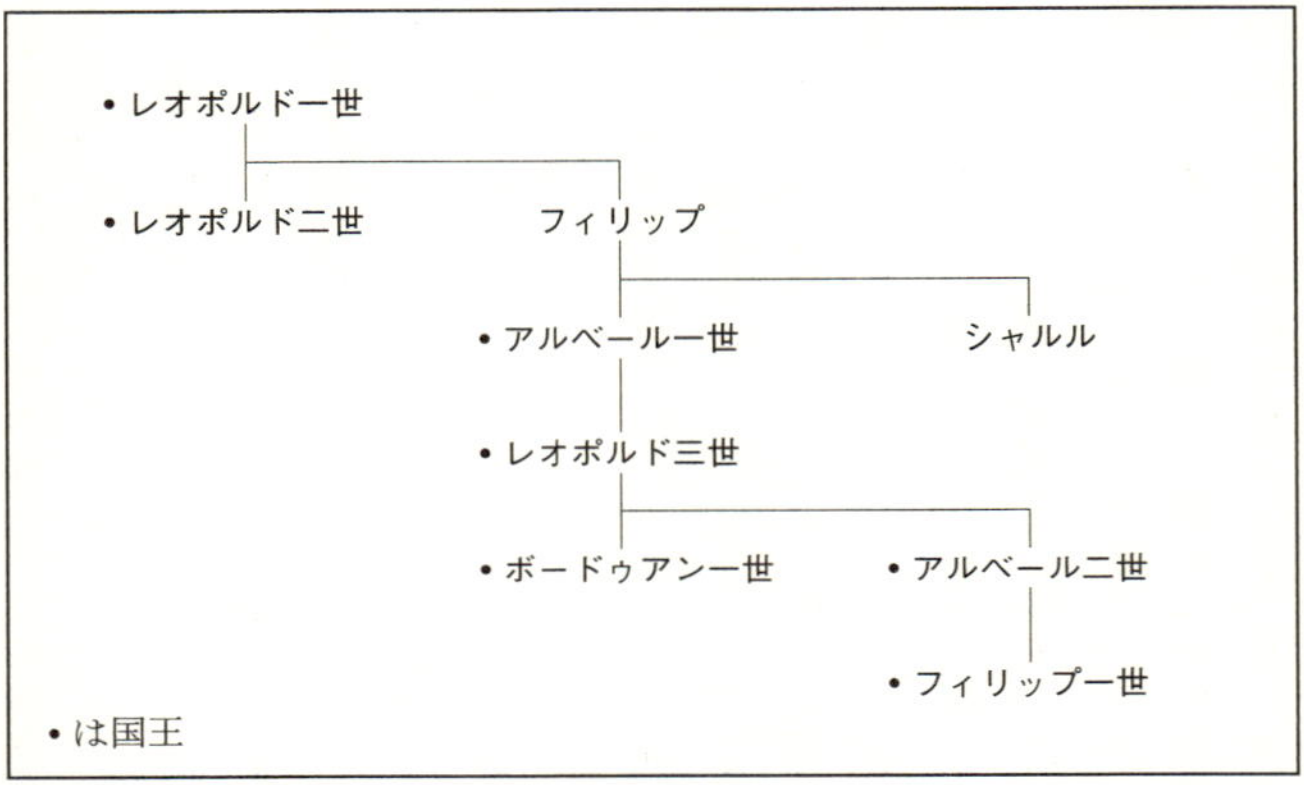

ベルギー王室略図

れを拒絶した。

国王を置かねばならないのであれば、フランス国王ルイ・フィリップの次男、ヌムール（一八一四〜九六）を希望する、とベルギー国民議会は伝えてきた。小国ベルギーはウィーン体制下での生き残りをかけてフランスとの協力を選択したのである。

しかし、イギリス、オーストリア、プロイセン、ロシアにとって最優先事項は、フランスの強大化を防ぐことであった。会場国であり議長国のイギリスはヌムールの即位に反対した。そこで推挙されたのが、神聖ローマ帝国出身のザクセン・コーブルク・ゴータ家のレオポルド（一七九〇〜一八六五）であった。

ザクセン・コーブルク・ゴータ家は、ドイツ連邦を構成するザクセン＝コーブルク公国、ザクセン＝ゴータ公国の両国が一つとなった公国の家系である。初代の家長エルンスト一世（一七八四〜一八四四）

には二人の弟がいた。その下の弟がレオポルドである。ちなみに兄のフェルディナント（一七八五〜一八五一）はハンガリーの名門貴族と結婚し、その家系はその後ブルガリア国王を輩出している。エルンスト一世の次男アルベルト（一八一九〜六一）は、後にイギリスのヴィクトリア女王（一八一九〜一九〇一）と結婚した。

一八三一年六月にロンドン会議はレオポルドを国王候補として推挙し、六月四日にベルギーは国民議会で彼を受け入れることを決定した。そして七月にレオポルドが初代国王として宣誓をした。

十日間戦争

しかしオランダはベルギーへの攻撃をやめなかった。実は、ベルギー国民議会とレオポルド一世は、即位直前にロンドン会議の決定にいくつか不満を申し立てた。第一にオランダの戦費を負担することになったこと、第二にルクセンブルクを奪われることが挙げられる。

ロンドン会議では、ルクセンブルクもベルギーに加わってオランダから独立したいと希望していた。ベルギー側もルクセンブルクをベルギーに加えたいと考えた。しかしその希望はかなわず、ルクセンブルクはオランダの傘下におかれ続けた。ベルギーからすると、戦後賠償金を負担させられて、そのうえルクセンブルクを手放すことになってはたまらない。

事態の収拾を急ぐ五大国は、ルクセンブルクの一部をベルギーに渡し、戦費負担を減額することにした。申し立てが受け入れられたベルギーは、盛大な宣誓式を行い、大いに盛り上がった。

一方、議定書の最終案を見たウィレム一世は激怒した。明らかに最終案は、オランダにとって不利な条件へ変更されていた。ベルギーに対する債権は減らされ、領土も減らされた。

また、ベルギーの初代国王に就いたレオポルド一世は、一八一六年にイギリス王ジョージ四世の一人娘シャーロットと結婚したが、翌年にシャーロットが急逝してしまい、イギリスで年金を支給され、独身生活を続けていた。さらにレオポルド一世は、ヴィクトリア女王に、彼女のほうが一目惚《ひとめぼ》れした甥の美男アルベルトを紹介することになる人物でもある。つまりは、かなりイギリスに近しい人物であった。ウィレム一世にしてみれば、イギリスにしてやられたと感じられたかもしれない。ウィレム一世は議定書の撤回を求めて、実力行使に打って出た。

一八三一年八月にオランダ軍はベルギーに侵攻し、レオポルド一世の要請によってフランス、イギリスが救援に向かい、これによりオランダ軍は撤退した。この戦いは十日間戦争と言われている。

実は十日間戦争は、それ自体が問題ではなく、当時のウィーン体制のなかで、その後もフランス軍がベルギーに駐留し続けたこと（これはレオポルド一世の要請による）のほうが、国際関係上の懸案となったようである。結局フランス軍は、翌九月に撤退の意思を示し、領土および戦費負担の問題はオランダに譲歩するかたちで決着し、ひとまず落ち着いた。しかし、約一ヵ月の間、ヨーロッパそしてウィーン体制は、ベルギーの独立をめぐって大いに揺れたのである。最終的にオランダは領土を戻し、戦費をベルギーに負わせることでベルギーの独立を容認し、ロンドン条約が結ばれたのは一八三九年のことであった。独立革命と十日間戦争から八年もの時間を要した。

2　レオポルド一世の時代

共和政と君主政の狭間で

ベルギー独立時のヨーロッパの情勢をここで眺めてみよう。一七八九年にフランスで起こった革命は、ヨーロッパの人々に新しい未来を期待させた。専制君主を排して、自分たちの国を自らで担う新しい政治、共和政の到来を人々は夢見たのだ。

しかし他の君主からみれば、もし自分の国で同じような革命が生じれば、自分たちは地位を追われ、処刑されるかもしれない。革命は恐怖でしかなかった。そしてすでに一八三〇年に、革命の波はベルギーにまで及んでいた。周辺の君主たちは、迫りくる革命の波をなんとかしてベルギーで食い止めなければならなかった。新国家ベルギーは、かつて「ローマとゲルマンの狭間」にいたが、いまや「共和政と君主政の狭間」に立たされていた。

この「共和政と君主政の狭間」という歴史的、地理的特性も、ベルギーに独特の影響を及ぼしている。そもそもベルギーの人々は共和政を望んでいた。しかし、そのような国の存在を当時の周辺の君主国たちが許すはずはない。だからベルギーが臨時政府を樹立し、独立を宣言してからロンドン会議に集まった前述の五大国は、国王を立てることを交換条件にして、ベルギーの独立を承認した。

新国家ベルギーの国民議会は、「専制君主の権力から自由になるべきだ」という自由主義思想に強く影響された憲法を作り出した。国王の権力を法によって制限することを謳った、当時としては先鋭的な憲法だった。

しかし、詳しく憲法全文の内容を見ると、条文の四〇%は、独立以前に属していたネーデルラント（オランダ）憲法に由来している。また、三五%が一八三〇年の（「ブルジョワの王」と呼ばれたルイ・フィリップを王とするときの）フランス憲法、約一〇%がフランス革命後に制定された一七九一年フランス憲法、そして五%が当時のイギリスのマグナ・カルタで構成されている。一八三一年時点でのベルギーのオリジナルの条文は全体の一〇%程度。つまり、君主政のオランダと共和政のフランスの混合による憲法だと見ることもできる。

この憲法は、共和政を望んだ国民が、君主政の存続を願った周辺諸大国の圧力に抗《あらが》った末の妥協の産物だった。

慎重な政局運営

国王に即位したレオポルド一世は、就任に際して憲法の遵守を宣誓はした。しかし、国王の権力がかなり制限されているこの憲法を見ていい気持ちはしなかったという。レオポルド一世は一七九〇年生まれ。フランス革命開始の一年後に生まれている。すでに革命で広がっていた新しい世界観を認めざるをえないにしても、彼自身は反動的な思想を持ち合わせていた。その彼が国政で採った手法は独特である。

レオポルド1世

それは、内閣を組閣するに際して、国王が「組閣担当者」なる非公式の役職を任命するという方法だ。組閣担当者は正式な首相ではない。これは、新しい内閣の陣容について有力者と交渉しつつ方針をまとめ、国王に交渉の状況を報告、相談するという役目を担う。そして国王の了解を得つつ陣容が整い、施政方針も固まってから、議会にその是非を諮《はか》る。その議会で過半数の信任を得れば、組閣担当者は初めて新政府（首相）として認められる。レオポルド一世は、こうしていちいち政治に介入した。

レオポルド一世がこのような複雑な方法を採って政治に介入したわけは、先に記したような自由主義的憲法に対する反動、反発も確かにあっただろう。しかし、その本心は、独立して間もないこの小国を守ることにあった。オランダの脅威からベルギーを守るために、イギリス、フランス（一八三二年に、レオポルド一世はフランス国王ルイ・フィリップの娘、ルイーズ・マリーと再婚した）とのパイプをもつ自分が政治に介入しておきたいと考えたのだ。

実際に先の「十日間戦争」のとき、彼はイギリス、フランスへの救援を依頼しているが、それを決断するまでに「議会の了解をとりつけずに救援を依頼していいものか」と、ずいぶんと悩んだと言われている。これもレオポルド一世が、ベルギー国民の望む共和政精神を尊重していたからだろう。

なお、今も国王が組閣担当者を指名する慣例は続いている。特に一九六〇年代後半以降、言語問題が激しくなってくると、組閣担当者が手間取り、正式な内閣の発足まで時間がかかることも多くなってきた。

それ以来、選挙が終わると「情報提供者」が指名されることが多い。この情報提供者は、財界や政界の有力者にヒヤリングを行い、現在のベルギーが抱えている課題を整理する。同時に、組閣担当者（首相候補）として誰がふさわしいかを国王に助言する役目を担う。新政権発足のための下交渉役でもある。これは選挙の第一党の党首であったり、前首相や閣僚経験者であったりするが、誰がやるかは特に定まっていない。

この情報提供者の調査と提案を受けて国王は組閣担当者を指名し、内閣を組閣する交渉の任に当たらせてきた。しかし、近年のいわゆる「分裂危機」（第6章参照）のなかで、「ベルギー分裂」を主張する政党が第一党になるような状況が生じ、交渉は一層難航する傾向にある。二〇一〇年六月の選挙後には、情報提供者による下交渉も決裂し、国王アルベール二世（当時）は「準組閣担当者」や「調停者」、「論点整理者」など次から次へと新しい交渉役を指名して、対立するフランデレン陣営とワロン陣営の間を仲介させ、慎重に組閣を進めた。その結果、約一年半も新政権が成立しなかった。しかし、その長い交渉を経て、選挙で第一党になった「ベルギー分裂」を主張する政党が政権から排除された。

このように慎重な手順を踏んで国の統一を守り、交渉を進めるため、ベルギーの組閣はそもそも時間がかかる。しかし時間をかけて、対立する陣営間での妥協の落としどころを見いだし、急進的な「ベルギー分裂」主義者を排除してきたとも言える。

こうして国王がかなり実質的に現実の政治に介入する慣例は、時に批判の対象になる。二度の「危機」を経て、国王が政治に口を出すべきではないという主張や、民主主義国であるならば、選挙結果を忠実に反映するべきだという主張も最近は強くなっている。

3　レオポルド一世の描いた「夢」

新国家ベルギーの言語政策

ここでベルギーを悩まし続ける言語問題の当時の状況を確認しておこう。ベルギーのフランデレン地方では、一八世紀まで司法、行政の場においてオランダ語が用いられていた。フランス語は、フランデレン地方でも一部のエリートが用いていただけであった。確かに大都市ブリュッセルではフランス語が「流行」はしていたが、それでも多くの人々はオランダ語を用いていた。

一七九五年から一八一四年の間、ベルギーは革命後のフランス、そしてナポレオン・ボナパルトの帝政フランスの統治下にあった。当時フランスはフランデレン地方の行政・司法言語をフランス語へ変えた。この政策によってフランス語は「流行」から一気に公用語となった。そしてナポレオン失脚後、ベルギーはネーデルラント連合王国に併合され、今度は一八一九年に、国王ウィレム一世がフランデレン地方でのフランス語使用義務を廃止した。一八二三年に同法が施行されて以来、公的な言語はオランダ語へ変わっていくことが期待されていた。

公用語がオランダ語となっても、フランデレン地方では大きな問題にはならない。しかし、(フランデレンに位置する)ブリュッセルでオランダ語を使うことのできるエリートは、フランス統治時代の強力なフランス語一元化政策によって、もうこの時にはわずかとなっていた。もし大部分のフランス語を用いるエリートがキャリアアップを望むなら、フランス語を認めているワロン地方へ異動しなければならなくなる。これに対する不満が独立革命の一因となった。

ベルギーが独立した後、フランデレンの公用語をオランダ語とする法は取り消された。ベルギー憲法は「言語の自由」の原則を明確に記している。しかし、当時のエリートはフランス革命後のフランス統治下で育ち、フランス語を理解できた。そのため、新国家の言語はフランス語しか選択の余地はなかった。

独立後の暫定政府が一八三〇年一一月一六日に公布した条例には「公式の法や条例をフランデレンの言語で記録しておくことはできない」として、第一条に「法律や裁決にかんする公報はフランス語で刊行される」ことが明記されている。

この条例を作成したメンバーのシャルル・ロジェ（一八〇〇～八五）は、一八三二年に友人にあてた手紙に「良い行政を行うための第一の原則は、一言語の排他的利用である。そしてベルギーではこの言語はフランス語でなければならない。この目的のためにすべての文官、軍官はワロンとルクセンブルク出身者で占められるべきである。そうすればフランデレンの人々はこの雇用で一時的に不利に追いやられるが、フランス語を学ばなくてはならなくなる。このようにして、ベルギーのなかのゲルマン的な要素は徐々に破壊されるだろう」と記している。

先のフランス統治下の言語政策で教育され、エリートとなったロジェからすれば、フランス語の公用語化は当然のことだった。しかもこれは当時、ベルギー特有の政策ではない。一九～二〇世紀は国民国家の世紀だった。一つの「国民」を作り出すために、政府は一つの言語を用いることを推進した。

例えば、フランデレンとフランスの国境に位置するフランデレン・フランセーズ（リールやダンケルク）は、従来オランダ語を用いていた地域であった。しかし一七世紀にフランス領となり、フランス語が公用語として導入された。その後もしばらくの間オランダ語は存続したが、二〇世紀に入って、徐々にオランダ語を話す人の数は減少した。

さらに、ベルギー政府は、行政、司法だけではなく教育についてもフランス語修得を徹底した。フランデレンの子供が母語であるオランダ語を学ぶのは初等学校（六歳から一二歳）のみ。その後はフランス語を学ぶ。あたかもオランダ語学習は、フランス語を学ぶにふさわしいエリートを選抜する課程のようだと言われていた。

ベルギーがフランス語を公用語として選択した理由は他にもあると考えられている。ベルギーはカトリックの国である。そしてカトリック教会はフランス語を「革命の言語」とみなし、オランダ語を「大衆の言語」とみた。フランス革命は、神の権威よりも個人の自由と自律を強調する。その思想に影響されたフランス語話者からみれば、フランデレンで用いられるオランダ語は社会的後進性を象徴していた。つまりは時代遅れの言語とみなされたのだ。

そして新しい思想が支配的な、しかも新国家を建設する時期には、たとえフランデレンであっても、一人がフランス語を用い始めれば、オランダ語を使う人は「時代遅れ」とみなされる。一八四〇年までには多くの公的機関で、フランス語が唯一の言語として用いられるようになっていった。オランダ語が先のフランデレン・フランセーズのように消滅していかなかったのは、庶民の生活を描写することに重きをおいたロマン主義運動が生じたこと、そして何よりも、当時の国際情勢のなかでベルギーがおかれた立場に負っている。

永世中立国として

独立したベルギーは、フランスとプロイセンという両大国にはさまれた小国である。交易や軍事の戦略を見ても、また独立時の経済状況を見ても、両国はできればこの小国を傘下に入れたいと考えていただろう。特にベルギー独立初期は、ヨーロッパにおいてフランスの脅威が大きな時期であった。

ナポレオンがワーテルローで負け、ウィーン会議では平和を維持するために、今なお国力のあるフランスとの間に緩衝国をおくことが求められた。それがネーデルラント連合王国であった。しかし、この緩衝国は一八三〇年のベルギー独立革命によって分裂してしまった。その顚《てん》末《まつ》は前述の通りであるが、この独立革命によってベルギー王国は独立と存続を認められた。それは、結果として今度はベルギーが緩衝国としての役割を担うことになったことを意味する。

ヨーロッパの大国の勢力均衡を保つために、五大国の要請によってベルギーは永世中立政策を採ることになる。しかし、その役割は、周辺国が「ベルギーが永世中立国であること」を受け入れたときに初めて成立する。換言すれば、周辺の大国がそれを認め、守ることによって、各国の勢力均衡が保たれるわけである。

永世中立政策は、最終的に五大国とレオポルド一世の間で取り交わされ、一八三九年にオランダが独立を承認して成立した。その後、レオポルド一世は、ベルギーを守るために、永世中立国であり続けることが、ベルギーの国王に課せられた重大な使命だと考えた。

そして永世中立政策を採ったことにより、ベルギーにおけるフランデレンとオランダ語の存在が重要な意味をもつことになった。

すでにベルギー国内でフランス語が浸透しているなかで、フランデレンの人々によるオランダ語復興運動（フランデレン運動）が起き始めていた。初期のフランデレン運動は、「フランデレンこそが政治的緩衝地帯として振る舞うことができる」と主張した。

当時の国際社会における脅威は、何といってもフランスの強大化である。そしてフランデレン運動は、「フランデレンこそが［フランス語に侵された］ワロンと異なり、『非フランス』としての緩衝地帯となりうる」と自らの存続意義を主張した。つまり初期のフランデレン運動は、当時の国際関係のなかで、永世中立国であることを利用して、「自らが『真のベルギー人』だ」と主張したのだ。そしてレオポルド一世も、自身に課せられた国際的役割をまっとうするためにこの主張を重んじた。

レオポルド一世と言語問題

一八三三年、まだ国際的に独立が完全に承認されていないころ、ベルギーはオランダの脅威に対抗するために軍隊の整備を急いでいた。将軍エヴァンが騎兵隊や歩兵隊の訓練、戦術などのマニュアルをフランス語のみで作成し、指揮官たちに配布した。エヴァンは公式文書であるマニュアルは、公用語であるフランス語以外では作らないと付言していたが、他方で国王はその文書に「フランス語を理解できない部下に対する寛容」、「処罰しないこと」を求める文を付け足した。政府の公式の文書に、国王個人の所感を記した文書が加わることは異例であった。

また一八三四年には、レオポルド一世はフランデレンの町、ヘールを訪問し、オランダ語教育が無視されてはならないことを力説し、「私たちは民族的［ナショナル］なものすべてを保存しなければならない」と発言している。

さらにレオポルド一世はオランダ語文学の復興を支援する助成金を設けた。一八三七年の最初の授賞式で「私たちの王国を構成しているフランデレンの言語を、皆様が用いているのを目にすることは私の大きな喜びです。ベルギーは複数の言語をもつ国ですから、国民の皆様が両方の言語を用いることが重要なのです。これによって、より洗練された国民へとなることができるでしょう。そしてベルギー国民という国民感情を高めることにつながるでしょう」と述べている。

特に一八四八年にフランスで二月革命が生じた後、レオポルド一世はフランスの拡張主義を恐れた。当時、愛国心の高まりのなか、フランスの新聞には「ベルギーはフランス語を使う国だから、祖国フランスに併合しよう」と主張する記事があふれていたのだ。

このような国際情勢のなかで、レオポルド一世はフランデレンを保護する態度をみせた。このころ、彼は、息子——将来のレオポルド二世（一八三五〜一九〇九）——のオランダ語の家庭教師として、先のフランデレン文学助成金受賞者であるヘンドリック・コンシャーンス（一八一二～八三）を雇った。さらに一八五三年には、その息子をオーストリア大公の娘マリーと結婚させた。フランスの新聞は「プロイセンの政府がベルギーを勢力下におさめようとひそかに動いていたことは間違いがない」と批判したが、ドイツ、オーストリアとの連携によってフランスからベルギーを守ろうとレオポルド一世は考えたのだ。

一八五〇年には、レオポルド一世は議会で「……私は旧《ふる》き良きフランデレンの言語を愛している。それは私たちの国の大部分を占める言語である。私はこの言語が今より栄えているのを見てみたい。私たちの国はその一部が常にフランデレンであり続けているからだ。一八三〇年のできごと以来、私たちはもしかしたらこの旧き良きフランデレンの言語の重要性を見過ごしているかもしれない。これは真実だからこそ、言っておかねばならないことだ。私たちの国是『統一は力なり［フランス語で'L'Union fait la force'］』は残念ながらいつもうまくいっているとはいえないようです。……この統一は実際には存在しなかった。……紳士の諸君、要は、これらすべての理由のために、フランデレンの言語を丁寧に扱ってほしいということだ」と演説して、フランデレンとオランダ語の保護を訴えている。

レオポルド一世は、変動する国際情勢のなかで、オランダ、フランス、ドイツ、イギリスなど大国との関係の機微を見て、慎重に「フランデレン」を保護して行動し、中立に徹してベルギーを守ろうとしたのである。

しかし、国際関係上の均衡を保つためだけにレオポルド一世が動いたわけではない。むしろ、このような国際情勢だったからこそ、彼は多言語を操ることのできる「洗練された国民」を作り出す希望を見いだしていた。

ベルギーの国際的地位がなお不安定な一八三五年五月五日に、メヘレンとブリュッセルの間に大陸初の蒸気機関車による旅客鉄道を開通させ、三七年にはアントワープとリエージュの間、そして三八年にはオーステンデとリエージュの間を鉄道で結んだ。本来は言語が異なるフランデレンの主要都市とワロンの主要都市とを結ぶ鉄道建設を進めたレオポルド一世は、「一言語国家」ベルギーを作ろうとしていたわけではない。言語が異なることを認め、二つの地域を結びつけて「多言語国家」を作ろうとしていたのである。

レオポルド一世はベルギーの国際的な地位が安定し、また経済的繁栄を迎えたことで「ヨーロッパの奇跡」と呼ばれるようになった一八六五年にブリュッセルで死去した。王位は、第一継承者である息子、レオポルド二世が継ぐこととなった。

【コラム】世界遺産——ヨーロッパ文化の交流が遺したもの

他のヨーロッパの大都市と同様に、ベルギーの都市にも多くの美しい世界遺産がある。すべてを紹介できないが、もっとも知られているのは、ブリュッセルの中央にあるグラン・プラス（大広場）だろう。周辺にはスペイン統治時代のサロンなど歴史的建造物が今なお多く残されている。

なお、ベルギーで最大の有名人かもしれない「小便小僧」もグラン・プラスの近くに立っている。この像のモデルには諸説ある。一一四二年のグリムベルゲンの戦いの時、敵に小便をかけたゴドフロワ二世だとか、爆弾の導火線に小便をかけ火を消し、町を救った少年ジュリアンだとか言われている。像そのものは、一六一九年にフランス人が製作した。小さな像なので「世界三大がっかり観光名所の一つ」（残りはデンマークの人魚姫像とシンガポールのマーライオン）などと皮肉を言われることもあるが、ベルギー独立前から、この町を侵略から守るかのように、彼は立ち続けている。

また、一二世紀後半からフランデレン地方に多く建てられたベギン会修道院群（ベゲインホフ）が挙がる。十字軍のために多くの男が出征し、ヨーロッパの男女比が崩れ、女性の共同生活施設が各地に建てられた。ベルギーではコルトレイクやルーヴェン、ブリュージュのものが有名である。興味深いのは、ベルギーでは、グラン・プラス周辺を含めて、こうした古い建築物が、できる限り外観を壊さないように修復されて、実際の住居やレストランとして現在も「生きている」ところである。地震の多いわが国では考えられないことだ。ベルギーでは、こうした歴史的建造物を極力活かそうとする伝統がある。

ちなみに、ブリュージュのベギン会修道院を舞台にした映画が『尼僧物語』。その主演女優であるオードリー・ヘプバーン（一九二九〜九三）はイギリス人だが、実はブリュッセルで生まれている。三年後、一家はベルギーのリンクベーク市、オランダ、イングランドと移っていった。

戦時とはいえ、ベルギーが「十字路」であることを表しているように思える。

さらにベルギーの世界遺産としてプランタン印刷所を挙げておこう。一五世紀にグーテンベルク（一三九四～一四六八）が発明した印刷術がアントワープに伝わり、クリストフ・プランタン（一五一四ころ～八九）によって世界で初めて産業印刷が行われた印刷所である。ルーベンスなどの著名な画家もプランタンと交流しており、単なる印刷所を越えて、出版社も備え、当時の文化の巨大な発信地、交流点となった。その背景に、当時のアントワープの大いなる繁栄がある。プランタンは「この場所以外で事業することは考えられない」と述べていたことが伝えられている。

ヤン・モレトウス（一五四三～一六一〇）がそれを引き継ぎ、現在は博物館となっている。今もルーベンスの絵画やグーテンベルク三六行聖書など貴重な史料が豊富に揃《そろ》っている。

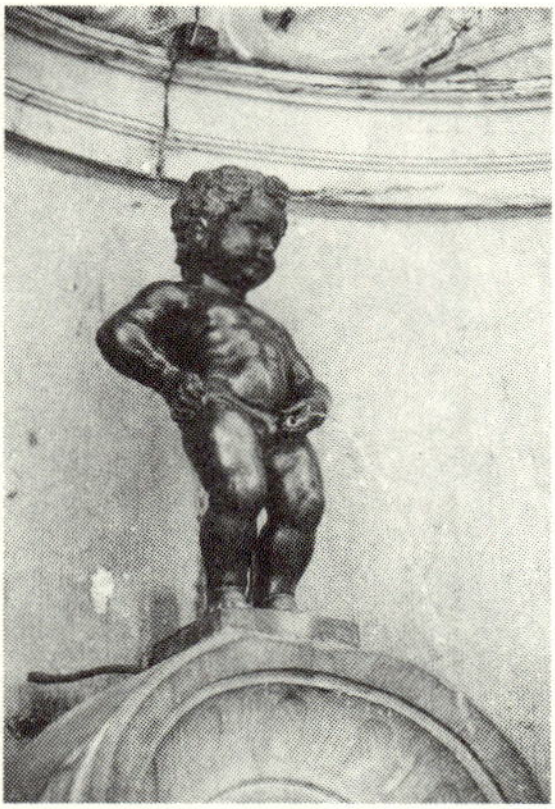

ブリュッセルの小便小僧

古い建築物を大切に維持する一方で、一九世紀のベルギーは、近代国家建設の繁栄にともなって、アールヌーヴォー建築の発信地となった。ブリュッセルには、アールヌーヴォー建築の第一人者ヴィクトル・オルタ（一八六一～一九四七）の建造物群があり、やはり世界遺産に登録されている。一八四七年にクリュイズナールによって建設された、グラン・プラス横のギャルリ・サンチュベールは世界初のアーケード商店街で、一歩足を踏み入れると、その美しさに圧倒される人も多い。歴史的建造物が生き残るなかで、ブリュッセルには、もともとパリで開花したアールヌーヴォー建築がいたるところにある。ヨーロッパの文化がベルギーの地で交流しているさまを見ることができる。

第2章 帝国主義と民主主義——一八六五〜一九〇九年

1　学校問題と政党政治の始まり

学校紛争

ベルギーは国際的な地位を確実なものとし、その後、経済も急速に発展した。産業革命の発展を示す蒸気機関の数は一八三〇年には四二八機であったが、一八八〇年には一万一七六〇機と急増した。ワロン地方の石炭の産出量も、二三〇万トンから一七〇〇万トンに増大した。製鉄業も勃興《ぼっこう》し、その結果、イギリスと並ぶ機械輸出国へと成長した。

同時に、この時期はベルギーの政党政治が発展していく時代でもある。レオポルド一世の時代は、独立を達成したもののオランダを始めとする大国の脅威にさらされていた。しかし、その後国際的に承認され、「独立の確保」という問題は徐々に希薄になっていく。同時に民主化、近代化が進み、新しい国内の対立が表面化してくる。こうした問題に対してベルギー、そしてレオポルド二世はどのように対処したのかを見てみたい。

まだベルギーが成立する以前の一八世紀のころ、ベルギーの地ではカトリックが「国教」と呼ばれるほど根を張るようになっていた。しかしフランス革命を契機に、革命政府の指導で政教分離が進んだ。それに対抗すべくヴィンセンシオ会が中心となって、組織的な伝道が開始された。特に伝道の核となったのは、カトリックによる教育機関の設立である。

同盟（ユニオニスム）による共闘の結果、オランダから独立を果たしたベルギーではあったが、教育政策の面では、カトリックによる教育を重視する「保守派」（かつてのデル・ヌート派）と、教育の自由を重視する「自由主義派」（かつてのフォンク派）の意見は分かれていた。

自由主義派はフランス革命に影響され、信仰はあくまで個人の領域であるとして、公的な政治活動にカトリック教会が立ち入るべきでないという政教分離の考え方を有していた。教育政策についても、私立のカトリック学校が多くなれば、貧しい階層の子弟に教育の機会を与えることができなくなると考え、公立学校の普及をめざしていた。

しかし保守派にとって、カトリックによる学校教育は、布教活動の根幹であったし、また聖職者の収入源（宗教主事などのアルバイト先）になっていた。当時この給与は国が補助することになっており、納められる学費はカトリック教会の重要な財源でもあった。自由主義派が主張する公立学校の増設政策は、カトリック教会と保守派にとって財政的にも、伝道のうえでも邪魔な政策であった。

ユニオニスム自体は、ウィレム一世という共通の敵がいたからこそ成立したのであって、独立後しばらく両派の蜜月《みつげつ》は続いたものの、独立を確実にしたロンドン会議後の選挙（一八四六年）時に、自由主義派が一致団結して自由党を結成した。これを機にベルギーは、政党が選挙で議席を争い、議会で議論する政党政治の時代に入っていく。

政党政治の始まり

自由党と保守的なカトリック勢力の対立は一八七〇年代に本格化した。すでに当時社会主義的な労働運動が活発になりつつあり、自由党のなかでも社会主義に傾倒する者が現れるようになっていた。党内対立が激しくなるなか、自由党は、学校問題を政策綱領に掲げて選挙を戦った。教育に対するカトリックの影響を排して、公立学校を増加させようという政策である。これで党は一枚岩となり、一八七九年の選挙で勝利することができた。ウベール・フレール＝オルバン（一八一二〜九六）を首相とする自由党政権は、その後公立学校の増設、宗教教育義務化の撤廃、（聖職者の学校教職を制限する）公的教員資格を設置するなど、急進的な反カトリック政策（フムベーク法）を定めた。

それに対抗してカトリック勢力は、教育における自らの権益を守るために組織化を進めた。教会の教区ホールを本部として、ブルジョワ、中間層、農民に対する慈善活動団体を精力的に設置した。こうしてかつての保守派からさまざまな団体が生まれていった。

さらに教皇ピウス九世（一七九二〜一八七八）が、自由党の反カトリック教育政策を批判した。それに従って、メヘレン大司教は、カトリック信徒の子弟を公立学校に進学させないよう、平信徒たちに指示を出した。対抗して自由党政府は、教皇庁との関係を断つと宣言した。この対立からカトリック系諸団体は一八八三年に統一連合を組織する。

翌八四年には、この統一連合が「ローマ教会との関係の再構築」、「教育に関する国家の介入の廃止」などを綱領に掲げて、自由党に対抗して選挙を戦った。フムベーク法を契機とする自由党の反カトリック政策はあまりに急進的であった。「一八三〇年以来の、ゆっくりとした、しかし絶え間ない自由党の政策にカトリック教会が服従してきたこと」にカトリック諸集団は気づき、反発して「［教育の］自由を制限し」宗教教育の特権的地位を守るために結束したのである。

さらに当時、自由党政権も公立学校を増設したことを一因として財政が逼迫《ひっぱく》し、増税に踏み切ったため、支持を急落させていた。一八八四年八月の選挙でカトリック諸団体は大差で勝利し、ジュル・マルー（一八一〇～八六）を首班とするカトリック政権が成立した。同時にそれらの団体は改めて一つの「カトリック党」を名乗った。

新政権成立後、マルーはさっそくフムベーク法を改正する。ただ、マルーは少しやりすぎた。フレール＝オルバン政権時代に設立された多くの公立学校に対する助成金を一気に削減した。今度は町に職を失った元公立学校教師があふれてデモを起こした。この社会不安に国王レオポルド二世は怒り、マルーは三ヵ月で辞職することとなる。

ベールナールト政権と激化する労働運動

マルーが三ヵ月で辞職した後、政権に就いたのはアウフスト・ベールナールト（一八二九～一九一二）である。ルーヴェン・カトリック大学卒業後、弁護士を経て政治家となる。すでに

ベールナールト

著名な財産法の法学者として知られていた。

当時のカトリック党のなかには意見の対立もあったので、そのなかで法に精通し、中立的立場で行動できる人物と評判だったベールナールトが、一八八四年に首相に選出されたのだ。

ベールナールトは、公立学校を解雇された教師の身分、職と手当を保障する法案を即刻通し事態を収拾した。それ以降、カトリック党は一九一四年まで単独で政権を維持する。そして学校問題は、カトリック党の主導で、妥協的に予算が配分され続けた。

一九世紀末のベルギーは、カトリックと自由主義の運動だけではなく、社会主義運動が激しくなった時期でもあった。一八五〇年代には初の労働者団体が結成され、一八七〇年までに労組や生協、共済組合が次々と作られていった。

また産業革命は、硬い石炭を掘削する動力として伝播《でんぱ》したので、炭坑をいくつも有するベルギーのワロン地方は、イギリスに次いで世界で二番目に産業革命を経験していた。この結果、当時ワロン地方は、経済的にヨーロッパでもっとも裕福な地域の一つであった。

こうした産業の発展は、過酷な環境におかれた労働者を大量に生み出すことにもなった。当時は、労働時間の制限や社会保障もろくになく、その状況の改善を求めて労働運動が盛んになっていった。

ベルギーの労働運動は若干組織化に手間取った。フランデレンの組織的な労働運動は一八六四年の第一インターナショナルを契機とし、マルクス主義の影響を強く受けていた。ワロンは、フランスの一八四八年二月革命の影響を受け、アナーキズムの影響が強い地域であった。両者が合同し、ベルギー労働党が成立したのは一八八五年のことである。ワロンとフランデレンの労働運動の相違はあったものの、政党結成以降、徐々に労働組合などが統合、整備されていった。

一八八六年三月、リエージュで開催されたパリ・コミューンの記念式典をきっかけにして、不満の募るワロンの労働者が大暴動を起こした。商店、工場、貴族の邸宅などが放火、破壊され、倉庫や工場では多くの略奪も生じた。軍隊が出動して、流血の惨事を招いた。多くの労働者が逮捕された。当時の新聞は「革命に匹敵する」とこの暴動を報道した。

キリスト教民主主義と柱状化社会

他方でカトリックの側でも、一八八六年の大暴動後、新しい動きが生まれてきた。普段、労働者たちは集会を日曜日の朝に開催した。こうした動きは日曜礼拝出席者数の低下につながり、礼拝献金の低下につながる。なんとか労働者を教会に戻さねばならなかった。カトリック党の活動家であるアーテル・ヴァルハーヘン（一八四七〜一九一七）は、労働者向けの団体を設立していった。「労働者の生活は社会主義ではなく、カトリックが支えていく」と訴え、労働者をカトリックに取り込もうとしたのだ。労働者を組織化しようとするヴァルハーヘンは当時「赤い男爵」と呼ばれた。

これによりカトリックによる労働組合（キリスト教労働総同盟）が生まれ、共済組合、積立貯蓄などさまざまな組織へと発展していった。これらの社会主義まがいの活動家を危険視して、エリート層はヴァルハーヘンらを「キリスト教民主主義派」と呼んだ。当時のエリートから見て「民主主義」とは危険思想だった。さらにこれに対抗して、カトリック党のエリート層は自らを「自由主義カトリック派」と名乗るようになった。

自由党との学校紛争による対立も、カトリックの組織化を促進した。保険や信用金庫、旅行会社、生活協同組合が設立された。人々は会員となって会費を払い、病気の時は疾病保険などから給付を得る。やがてカトリック勢力は、学校、文化サークル、機関紙、病院、疾病保険、銀行にまで拡大していき、市民生活全般を取り込んでいった。

あるブルージュの市民はカトリック系団体に所属し、週末はカトリックのサッカーチームを応援しにいく。また、やはり週末に開催されるフェスティバルでは、ブラスバンドの演奏を聴きにいくが、隔週でカトリック系バンドと自由主義系バンドが演奏しており、カトリックの時のみ聴きにいったという。

こうした社会は、あたかもカトリック、社会主義、自由主義それぞれの「柱」によって縦割りにされたようであり「柱状化社会」と言われる。現在のベルギーでは、このような宗教やイデオロギーと市民生活の結びつきは希薄になりつつあると言われることも多いが、それでも柱はそれぞれの地域に根づいている。例えば、ワロンは社会主義の柱が強く、フランデレンではカトリックが強い。またブリュッセルは自由主義が強いと言われている。

学校問題と言語問題

学校教育のあり方をめぐる問題は言語問題にも影響した。一八四九年、最初の自由党内閣であるロジェ内閣はヘント大学とリエージュ大学の入学試験に必修科目としてオランダ語を導入する案を盛り込んだ「高等教育法」を検討していた。

しかし、この入学制度はオランダ語とフランス語の両方を理解するフランデレンのエリート学生に有利であって、フランス語しかわからないワロンの学生には不利なものであった。ロジェ内閣は人々の「言語の自由」という権利を制限することになると主張して、オランダ語試験の導入を拒んだ。

フランデレンのカトリック政治家、ピーテル・デ・デッケル（一八一二〜九一）はこれに怒り、議会で内閣に対して「私たちベルギー人は（略）いまや二つのまったく異なる民族の深い亀裂に直面している。私以上にベルギー全国民の真の統一を望んでいる人はいない。しかし私は見逃すことのできない真実を認めざるをえません。それはベルギーにおいて、二つの異なる言語を語る民族が存在し、それぞれまったく別の秩序の文明に属しているということです。もうこの事実を見逃すわけにはいかない」と訴えたのだ。

最終的に本法は、五三対三七で否決された。ここに見られるように、教育制度の構築をめぐる議論から、言語問題は政治的な課題と化していった。こうした問題に、新国王レオポルド二世はどのように対応したのだろうか。

2　レオポルド二世の時代

レオポルド二世とフランデレン運動

前国王レオポルド一世は、永世中立国としてのベルギーを守るためにもフランデレンとオランダ語を保護した。そして彼は、王子のレオポルド（および弟のフィリップ王子）にもオランダ語の家庭教師をつけた。

一八四九年、レオポルド王子が一四歳のときのことである。フランデレン演劇協会の代表者と謁見した際、王子はフランス語で挨拶《あいさつ》を返した。彼は、演劇協会の代表者が話しているオランダ語の内容は理解できると言いつつ、自分がオランダ語を話せないことを公式の場で謝罪した。

反省したレオポルド王子は、その年の年末年始には、オランダ語の新聞『商業』紙の年頭挨拶を、簡単なオランダ語で掲載するなど努力をみせた。しかし彼は公式の場で、オランダ語を語ったことはなかった。弟のフィリップ王子、妹のシャルロッテ妃もそうであった。

その後の一八五五年、前述のデッケルが首相となった。このとき、デッケルはフランデレンの人々の陳情を受け付ける「苦情委員会」を設置した。ここに寄せられた（オランダ語で書かれた）陳情に、王子時代の若き（二一歳）レオポルド二世は、王宮スタッフのゴフィネ男爵にオランダ語で返事を返すべきかと尋ねた。しかし男爵は、その陳情書に（フランス語で）「Ｎｏｎ［否］」と鉛筆書きした。

冗談かと思い直接問い直した王子に対して、男爵は「……フランデレンの言語で返事をしてはなりません。フランス語とフランデレンの言葉の関係という問題はデリケートです。この問題についてはお話ししなければならないことがたくさんあります。これは非常に慎重に考えなければならない問題なのです！　この争いごとからは適当に距離をとっていただくほうが賢明でしょう。私たちのデリケートな関係を壊し、問題を噴出させる可能性があるのです」と答えて、王子を諫《いさ》めている。彼を取り巻く側近が、言語問題から目を背けていたのだ。

一八五六年には、当時の国王レオポルド一世に対して、子の言語教育に失敗したことを非難するデモがフランデレンで起きた。このころからフランデレン運動は本格化し、しかも反体制運動と化していく。王子たちのオランダ語の不出来が、フランデレン運動を拡大させる一因と

レオポルド2世

なった。もちろん彼に同情の余地はある。側近に聞き従っていたら、自身のオランダ語の不出来を原因としたデモまで生じてしまったのだ。

レオポルド二世は一八六五年に新国王として即位したが、王子時代の振る舞いのせいもあって、父と比べれば不人気であった。新聞は新国王のオランダ語能力について「彼はオランダ語がわかるのか？（たぶんわかるだろう）」、「話せるのか？（無理）」などと書き立てた。むしろ王妃マリー＝アンリエット（一八三六〜一九〇二）のほうがオランダ語を理解しようと努力していた。そのため国王は余計にフランデレン紙から批判されることになった。

レオポルド二世は人前で多くを語らない、内気な性格だった。オランダ語が不出来のために人と話すのを好まないということもあっただろう。そして、その点についての国内の非難が、さらに彼を内向的な人間にしていた。

この時期、フランデレン運動はフランデレン地方の司法（一八七三年）、行政（一八七八年）、教育（一八八三年）の言語にオランダ語を使用する許可を強く要求し、議会はそれを認めた。これらをまとめて「平等法」という。一九世紀の言語問題にとって大きな節目であった。

かつて苦情委員会は、教育、行政、軍事、裁判の二言語制を議会に提言した。しかし、議会はそのとき「国民形成のために一言語制が必要である」として二言語制案を否決した。それから約一〇年後、議会の風向きが変わって「平等法」が成立した。それはレオポルド二世の不人気によってフランデレン運動が激しくなったことが一因だった。そして議会はその要求をとうとう無視できなくなったのである。

さらに付け足すならば、当時のベールナールト首相とレオポルド二世の間でやり取りされた書簡を見る限り、彼らの間で言語問題が議論された形跡はない。彼らの関心は言語問題にはなかった。フランデレン運動よりも先に触れた学校問題や、次に説明する労働問題のほうが脅威だったのである。

「初めての社会立法」と妥協の政治

学校問題の処理に次ぐベールナールト政権の課題は、一八八六年の労働者の暴動を繰り返さないことであった。特に社会主義者やキリスト教民主主義者が要求している社会保障制度を創設すること、そして普通選挙制度を導入することの二つが課題であった。しかし、いずれもまだ反対が多く、しばしば議会が混乱した。

しかし、ベールナールト首相は、粘り強く反対派と交渉して、社会主義者が要求していた労働組合の容認、年金制度などの社会保障諸法案と、反対派が主張した治安維持法など抑圧的な政策案を同時に可決させた（一八八七年）。換言すれば、対立するグループの要求を一緒に可決させることで対立する議会をまとめ、「妥協」させたのである。

アメとムチのごときこれらの政策は、ベールナールトの強力なリーダーシップで成立したとは言いにくい。むしろ彼が党内有力者や労働運動の要求を調整し、それらの利害をとりまとめて、妥協的に社会保障法は成立したと言えるだろう。ここには、現代まで引き継がれる、ベルギーの「妥協の政治」の萌芽《ほうが》を見ることができる。

ベールナールトは、上から押さえつけることが権力者の役割ではない、と気づいていた。だからこそ彼はこの難局を乗り切ることができ、「初めての社会立法」と呼ばれる社会保障制度を成立させることができた。その核に「妥協の政治」があった。なお、彼は後に、国際的な紛争を処理する常設仲裁裁判所の設立に尽力した功績が認められて、一九〇九年にノーベル平和賞を受賞する。

ベールナールト首相が尽力した「初めての社会立法」が整備されていくのは第二次世界大戦以降のことである。しかし、カトリック教皇レオ一三世（一八一〇〜一九〇三）が「労働者を保護せよ」とヨーロッパのカトリック世界に呼びかけた歴史的回勅『レールム・ノヴァルム』（一八九一年）の前に、すでにベルギーではカトリック党が主導で、労働者の社会保障制度を創設したのであった。

一八九〇年八月一〇日、労働党リーダーのエミール・ヴァンデルヴェルデ（一八六六〜一九三八）は制限選挙制を撤廃し、普通選挙制を導入しようと力強く街頭演説した。ベールナールトは有権者を増加させることによって税収の増加が期待できると考えて、普通選挙制を導入することに前向きだった。彼が普通選挙制の導入を支持することを明確に表明したことによって、議会は紛糾したが、ベールナールトは社会主義者や労働運動からも支持されるようになった。

そうしたなかで先の回勅『レールム・ノヴァルム』が発布された。当時反対していた政治家が「この回勅によって（略）すべての人が労働者の悲惨な状況を認識するようになった。この回勅は、カトリックの内部にはっきりと［普通選挙制導入に対する］賛同の動きを作り出した」と述べているように、労働者の要求に応《こた》えることが正当化された。

さらに、この回勅を機に、労働者を取り込んできた「キリスト教民主主義派」も、労働者の政治参加を求めて普通選挙制の実現を要求した。こうして男子普通選挙制が一八九三年に成立する。

この結果、カトリック党と労働党が選挙で議席を伸ばしていき、自由党は議席を減らしていく。一八九九年には比例代表制が採用され、第一次世界大戦後にベルギーの政党政治はカトリック党と労働党の二大政党制となる。こうしてベルギーでは民主主義が進展したが、その鍵は、議論の末に落としどころを探って多数派を形成していく「妥協の政治」にあったと言える。

レオポルド二世とその側近は、自分たちの不人気を理解していた。一八八七年の夏、フランデレン地方のブリュージュで「金拍車の戦い」を記念する式典が行われた。前日に開催された歓迎レセプションにおいて、式典を準備していたスタッフは、オランダ語で国王一家を出迎えた。しかしレオポルド二世の祝辞は、すべてフランス語であった。またその後の「国王陛下、万歳！」三唱もフランス語で先導された（Vive le roi!）。フランデレンの新聞『民族の利益』は、この光景を見て「この王はフランデレンの王ではない」と批判した。

危機感を抱いた彼の側近は、翌日の式典本番のとき、オランダ語に堪能《たんのう》なレオポルド二世の甥（弟フィリップの息子）であるボードゥアン王子に祝辞を依頼した。側近にとってボードゥアンは切り札だった。彼は流暢《りゅうちょう》にオランダ語で挨拶し、フランデレンの聴衆たちを感激させた。とりあえず難局を無事乗り切ったわけだが、フランデレンの人々はこれによって、一刻も早いボードゥアンの国王即位を望むようになった。

しかし、その願いは実現されなかった。わずか四年後の一八九一年に、ボードゥアンは病気で早逝した。王室は彼の病気を公にしていなかったため、フランデレンの人々はもとより国民は、急にその死を知らされ大きなショックを受けた。

レオポルド二世は、ボードゥアンの病死の前後から、公式行事でオランダ語を使うようになる。かなりドイツ語訛りが強いと嘲笑《ちょうしょう》されながらも、その姿は「一言語国家が二言語国家に変わっていく姿」の象徴として扱われた。しかし、彼にとって不幸だったのは、オランダ語の使用によって、今度はワロン側の反発を買ってしまったことだ。以後、少しずつワロンでの政治運動が組織されていくことになる。

レオポルド二世の「夢」

言語問題で国内を混乱させたレオポルド二世であったが、彼は父と比べると「近代的な国王」だったとも言える。富国強兵を最優先と考え、国力の強化を目論んだからである。一八九七年に、ブリュッセルで万国博覧会を開催したのも、そうした考えにもとづいたものだ。そして彼は植民地の獲得に乗り出していく。まずは当時の国際関係を概観しておきたい。

ベルギーの独立が国際的に承認され、ベルギーを取り巻く国際関係はいったん安定したが、一九世紀後半になってくると、再び不穏な気配が漂ってきた。

一八七〇年には一八四八年革命以来の大事件、普仏戦争が勃発《ぼっぱつ》した。少なくとも本書がここまで描いてきたベルギーの外交を振り返ると、もっとも存在感が大きかったのはフランスだった。その強大化を恐れた各国がウィーン体制を形成しフランスを牽制《けんせい》したことは、すでに見た。しかし、それは結果的にプロイセンの強大化を生んだ。そして強国となったプロイセンは、とうとうフランスとの覇権争いに踏み切ったのである。

この戦争に勝利したプロイセンは、ついにヨーロッパ最大の軍事国家ドイツ帝国として統一に成功するのである。人口、兵力、軍備、いずれも当時の最強国家である。ビスマルク（一八一五～九八）を宰相として、ドイツは一八八二年にオーストリア、イタリアと三国同盟を結成した。

これを脅威に感じたイギリスとフランスは一九〇四年に英仏協商を結ぶ。普仏戦争敗北後、フランスは孤立感を高めており、すでにロシアとも同盟していた。また、イギリスとロシアは日露戦争後、利害調整を行おうとして、一九〇七年に英露協商を結んだ。これによって、いわゆる三国協商が出来上がり、三国同盟と対抗するようになる。大きな戦争の予感が漂い始めた。

そのまっただ中にいるベルギーの国王が富国強兵策を推進しようとするのも当然だった。

そして帝国主義の時代に、わざわざ列強と対峙《たいじ》する道を選択するのではなく、植民地支配を選択した。帝国主義時代の小国の王として、植民地を獲得することが、彼の「夢」だったのである。

コンゴ獲得

レオポルド二世は国内政策よりも、植民地政策に強い関心をもっていた。すでに即位式で、アジア、アフリカへの進出が必要だと力説していた。彼は王子のころからアフリカやアジアの地図を見て「どこか空いているところはないか」と進出できる地域を探していたという。しかし、当時彼がもっとも欲した清《しん》国はすでに列強が目を付けており、入る余地はなかった（一時貿易港として天津《てんしん》を利用)。

彼がコンゴに目を付けたのは、イギリスの探検家、キャメロン(一八四四〜九四)がコンゴ川流域に金銀鉱山があることを報告したことがきっかけだと言われている。しかし当のイギリスは、この報告に半信半疑だった。レオポルド二世は自らキャメロンの話を聞いた。一八七六年のことであった。

その後、閣議でレオポルド二世は「地球上で唯一手つかずの状態にある地域に文明をもたらそう」と演説した。しかし、当時のマルー政府は学校問題で手一杯だった。あきらめきれなかったレオポルド二世は、私費を投じて「国際アフリカ協会」なる会社を作り、自らが委員長になった。一八七八年には支社「コンゴ川上流域調査委員会」を設立し、イギリスの探検家ヘンリー・スタンリーを雇い、アフリカの調査、獲得に注力した。一八八二年には「国際コンゴ協会」(現地の臨時政府)を作り、先住民との貿易協定を結んだ。

このレオポルド二世の動きに警戒感を高めた列強は、ビスマルクを中心に一八八四年から植民地分割のあり方を話し合うため、ベルリンで会議を開催した。フランス、ドイツ、イギリス、ポルトガルなどの思惑が交錯するなかで、レオポルド二世はアメリカの支持を取りつけ、自由貿易などを条件に他の列強との取引に成功して、「国際コンゴ協会」の主権を認めさせた。

こうして一八八五年八月一日、レオポルド二世は、ベルギーのおよそ八〇倍の面積の「コンゴ自由国」の元首となったのである。個人所有の国が誕生した。個人所有の土地としては史上最大の規模であろう。レオポルド二世は、ここに巨額の投資を行い、そしてそれを回収することに全力を傾けた。それが彼の「夢」だった。

ここから生み出される資源、特にゴムと象牙《ぞうげ》によって、ベルギー経済は大いに潤った。一九二七年には、ベルギーはイギリス、アメリカ、ドイツ、フランス、オランダに次ぐ世界第六位の豊かな国となった。

ベルギー政府、そして議会は人道的立場から植民地政策に乗り気ではなかった。しかし、ベルギー財界は大いに潤った。アンパンシュネーデル財閥やフランス系金融機関ソシエテ・ジェネラール・ベルジーク、イギリス資本のベルギー鉱山会社ユニオン・ミニエール、アングロ・ベルギアン・ラバー・カンパニーが財をなした。

これらの企業は納税義務を負っただけで、レオポルド二世からの干渉は免れた。金さえ払えば後は何をしてもよい。それゆえこれらの企業は、それぞれ土地を分割し、あたかもその土地を国家と同じように支配することができた。「植民地財閥」が数多く登場した。

彼もしくは植民地企業によるコンゴ支配は残虐なものだった。レオポルド二世は、「有色人種は怠惰で、暴力で支配する必要がある」と考えていた。当時の状況を記した歴史書によると、働けない人々の手首を切断し、多い日には一日一三〇八もの手首が行政官に渡されたとか、働かない現地の人々に対する見せしめとして、一日で一〇〇人の頭部を切断したなどの記録が残されている。このような植民地統治によって、彼は、当時世界でも有数の大富豪となった。

ベールナールトとの関係

当時ベルギー議会は、ちょうどカトリック党が政権をとった後であった。レオポルド二世は、開発費用の捻出のために、しばしばベルギー政府からの援助を依頼した。開発には費用がかかる。資金が足りなくなると、（オランダ語が話せず人前に出ることが不得手な彼は）王宮の隣に建っていた銀行の頭取室と、王宮の自分の部屋とを結ぶ極秘の通路を作り、そこを通って人目につかないように資金のやり繰りを交渉していたという。

さらにレオポルド二世は、国内政治の混乱を避けたかった。混乱すれば、自らの植民地支配という「偉大な構想」の妨げになる。レオポルド二世は調整に長《た》けたベールナールトが首相になることを望み、ベールナールトを支援するためにしばしば議会に顔を出して演説した。

国王レオポルド二世と首相ベールナールトは積極的に書簡を交わした。マルー政権が不安定化してきたとき、すでに国王は「あなたの利益とわが国の利益のため、できる限り［議会での］合意を作り出せるように私も尽力します」とベールナールト政権の成立のために全面協力を約束する私信を送っている。

また、レオポルド二世は普通選挙制導入に反対していた。普通選挙制導入には憲法改正が必要であり、それが混乱を招くことを恐れた。そうなると、「偉大な構想」が揺らいでしまうからだ。だからレオポルド二世は憲法改正を本心ではやりたくはなかった。

レオポルド二世は、ベールナールトに「それがあなたのたってのお願いだから支持します」と返事をし、普通選挙制導入を支持するよう議会の冒頭、晩餐会《ばんさんかい》で演説したり、主要な政党リーダーを個人的に説得した。そしてその見返りに、国王はベールナールトを通じて、ベルギー政府からコンゴ開発の経済的支援を得た（例えば一八九〇年にベルギー政府は、国王に二五〇〇万ベルギー・フランを貸した）。つまり、ベルギーがこの時期に普通選挙制を成立させた背景には、実はコンゴをめぐるレオポルド二世の思惑の影響もあったのである。

しかし、普通選挙制導入後、議会にベルギー労働党が進出し、ベルギーの初期社会主義運動のリーダー、ヴァンデルヴェルデが中心になって、植民地政策に対する批判を高めていった。徐々にレオポルド二世のやり方に対する国際的な人道的批判も表面化してきた。イギリス主導で調査委員会が結成された。

こうした批判にベールナールトが直面するなかで、それでもレオポルド二世は「政府からこの新しい国家［コンゴ］に十分な財政的支援を獲得できるように、あなたがしなければならないのです」とベールナールトに書簡を送り続けた。

ついにカトリック党内でも国王を支持するベールナールトに対する批判が高まった。それを受けて少しずつベールナールトは国王の植民地政策を批判するようになっていく。かつて国王にとって、ベールナールトは「良きパートナー」だった。しかし、このとき以来、ベールナールトはレオポルド二世にとって「非常に厳しい監視役」に変わってしまったのだ。国王との関係が悪化したベールナールトは、辞職を申し出ることになる。

レオポルド二世が亡くなる前年の一九〇八年に、国際的批判をかわすために、ベルギー政府は、蛮行を続けるレオポルド二世の私有地コンゴを、正式なベルギー植民地として治めるようになった。「ベルギー領コンゴ」として人道的に統治しようとしたわけである。

ベルギー領コンゴとなって、一九一一年に首都レオポルドヴィルが定められ、鉄道などインフラの整備が進んだ。また初等教育も行われるようになった。しかしコンゴ住民は納税の義務を負わされ、もともと貨幣が浸透していなかったコンゴの人々はヨーロッパ系企業に勤めざるをえなくなった。年間六〇日の強制労働が義務化され、農地は収奪され、強制移住が行われた。そのさいベルギー統治政府は、読み書きのできないコンゴの人々に無理矢理フランス語の契約書を押し付けた。

少し先のことになるが、世界大恐慌の際には、大規模なリストラを行い、人件費を削り、さらには強制労働によって植民地企業は収益を維持することができた。本来、小国で国内市場の規模が小さいベルギーが、大恐慌のなかでもその当初比較的経済が順調だったのは、コンゴによる収益がベルギー経済を支えていたからである。

コンゴをめぐる課題は、第二次世界大戦後のベルギーにも影響していく。この点は後述することにして、次に当時の軍備増強政策について概観しておこう。

軍備増強政策

帝国主義の時代、レオポルド二世は軍備増強にも力を入れた。父が懐柔によってベルギーを守ろうとしたのであれば、彼は対照的に富と力で国を守ろうとした。アントワープの要塞《ようさい》化は彼の時代の最大の軍事事業だった。

また、ベルギー軍の徴兵制は、当時抽籤《ちゅうせん》制であった。抽籤制は、本来は兵役者がくじで選ばれる公平な制度である。しかし、結局富豪が金を使って兵役を免れるという事態が生じており、ベルギー労働党が抽籤制は不平等であると強く反対した。

さらに労働党は、八六年の暴動に軍が介入したことに強く異議を申し立てていた。抽籤制を残しておけば、裕福な人々はお金を用いて兵役を逃れようとするのだから、軍は貧しい労働者で構成されるようになる。その労働者は、八六年の暴動以降、軍隊に恨みを抱いていた。それらの声を受け、軍部も抽籤制を廃止しようと言い始めた。結局、一九一三年には国民皆兵制へと変わっていった。

レオポルド二世の治世

レオポルド一世は、ベルギーに「多言語」の未来を夢見て、フランデレンを守り、ベルギーという国を守ろうとした。それに対して息子レオポルド二世は、多言語という現実を直視せず、植民地獲得政策、軍事大国化によって、国内の「多言語」という厄介な問題を封印しようとしたと言えるだろう。

しかし、その現実を直視しない姿勢は、フランデレンの怒りを買った。彼の個人的資質だけに帰せられる問題ではないにせよ、その姿勢は、一層フランデレン運動を盛り上がらせた。そして「平等法」が成立した。それによって、この時期のベルギーは、彼の意図とは裏腹に「多言語国家」に向かって進んでいったのである。

もう一点。レオポルド二世治世下のベルギーは、コンゴでの蛮行や彼の女性スキャンダルによって国際的な評判を落としていた。他方で、この時期の「富国強兵」策は、ある程度成功したとも言えるだろう。ベルギー、そしてレオポルド二世は世界で有数の裕福な国（人）となった。これを見て「ベルギーに繁栄と威信をもたらした」国王と評価されることもある。

ただし、レオポルド二世の領土欲はヨーロッパ中に知れ渡っていた。ドイツ皇帝ヴィルヘルム二世（一八五九～一九四一）などは、レオポルド二世のことを「真底からの悪玉」と呼んでいた。そんな欲に満ちたレオポルド二世は、ドイツ皇帝から見れば「買収できる輩《やから》」でもあった。すでに一九〇四年には、ヴィルヘルム二世からレオポルド二世は「ドイツはフランスを攻撃する。協力すればフランスの一部を与えブルゴーニュ公国を再興しよう。逆らえばベルギーを侵犯する」と脅されていた。

ドイツ帝国が成立してから、ヨーロッパには再びドイツとフランスの争いが起きるかもしれないとの危惧《きぐ》が広がっていた。しかし、レオポルド二世はそれへの対策も準備せぬまま一九〇九年に没した。

【コラム】音楽――サクソフォンの誕生

現代のベルギーでは、ジャズやハウス・ミュージック、パンク、ヘヴィメタルなど、ヨーロッパの「十字路」らしくさまざまな音楽が流行している。日本のCMにも出演したことのあるハーモニカの名手、トゥーツ・シールマンスはジョン・レノンに影響を与えたことで知られている。ジプシー・スウィングの創始者で「ヨーロッパ初の偉大なジャズ・ミュージシャン」と言われるギタリスト、ジャンゴ・ラインハルトもベルギーで生まれた。

また、テクノポップのバンドであるテレックスは、日本のYMOに影響を与えたとされる。世界最大規模の女性ヴォーカル・メタル・バンド・フェスティヴァル「METAL FEMALE VOICE」が毎年開催されている。ポップスでは「雪は降る」や「サントワマミー」で知られるアダモがベルギー出身である。さまざまな音楽が混ざり合っている。

また「音楽革命」の国らしく、クラシックの世界では、アルベール一世の王妃を記念したエリザベート王妃国際コンクールが開催されており、これは世界三大音楽コンクールの一つとされている。一九八〇年にはヴァイオリニストの堀米ゆず子が、日本人として初めて優勝した。二〇一四年現在、堀米はブリュッセル王立音楽院で教授を務めている。クラシック音楽の世界でベルギーに留学する若い音楽家は多い。

ベルギーの音楽史を語るうえでかかせないのが、アドルフ・サックス（一八一四～九四）である。彼はベルギー南部、ワロン地方の町ディナンで生まれた。ディナンは一二世紀以降、銅、真鍮《しんちゅう》の加工で知られた町である。父親も楽器製造を生業としていた。一家は彼の生後間もなくブリュッセルに移ったが、サックスはわずか一六歳で象牙のフルートを製作し、さらに二三歳でバス・クラリネットを改良している。真鍮加工職人たちが活き活きと暮らしていたディナンという町に彼が生まれたことは、彼の楽器創作力に影響しているだろう。

その彼が、すでにベルギーが独立し国際的に承認されたころ、軍に依頼され、大音量が可能で、しかも行進しながら安定して低音も出すことができる楽器を開発することになった。二七歳のことである。木管であるが、大音量を可能とする金管の特徴を備えた楽器。木管と金管を橋渡しするような楽器。それがサックスのホーン、つまりサクソフォンである。

晩年サックスはこの楽器の特許権をめぐって、多くの人と争い、苦しむことになる。しかし、複数の文化（特徴）を同居させたようなこういう楽器を発想できたのも、彼が生まれた地が「十字路」だったからとみなすのは穿《うが》ちすぎだろうか。今もブリュッセルにある楽器博物館に行くと、サックスが考案したさまざまな楽器が展示されている。

第3章　二つの大戦と国王問題——一九〇九～四四年

1　アルベール一世と第一次世界大戦

アルベール一世への期待

アルベール一世（一八七五〜一九三四）は、レオポルド二世の弟フィリップの子である。レオポルド二世は直系の王位継承権者をもたず、またアルベール一世の父と兄も早逝したため、彼が王位を継承することになったのである。もともと王位継承者と見られていたわけではなかったので政治にも無関心だった。若いころは登山を趣味としており、そのため「庶民派の王」と呼ばれた。一九〇〇年にドイツのエリザベートを王妃として迎えている。愛人を多く作った前国王と比べて、夫婦仲はむつまじく、人気は高かった。

当時ヨーロッパでは、軍事大国ドイツに対する警戒心が高まっていた。そしてその血を引くアルベール一世はドイツ寄りの国王と呼ばれた。その血を引くといっても、そもそもレオポルド一世がドイツの人であったから、その家系はすべてドイツ寄りなのだが、ドイツ帝国ができた時期において、ベルギーの国王がドイツ系だという事実は、フランスを敏感にさせたのだ。

即位の前日、フランスの在ベルギー大使は本国に「新しい王室は親ドイツ的傾向が強い。実際のところ、アルベール一世はすべてをドイツ人である母の意向で決めている。レオポルド王とは異なり、ドイツ語で教育され、フランスへの愛着をもたない」と警告文を送っていた。

当のアルベール一世はオランダ語をよく勉強した。彼は即位式での誓約を、ベルギー史上初めて二ヵ国語（オランダ語はカンニングペーパーを見ながらだったが）で行った（なお就任挨拶はフランス語だった）。そしてその場で自分の子供にもオランダ語を学ばせることを約束した。一九〇九年一二月二三日のことであった。

一九一〇年三月にはフランデレン諸協会の代表が、アルベール一世にオランダ語での誓約に対する謝辞を述べている。彼はそれに礼状を送り、「フランデレンの人々が他のベルギー人と切り離されては絶対にならない」と書簡に記した。

また彼は王妃とともに、一九一二年八月一五日、アントワープでフランデレン文学者コンシャーンスと、ワロンの外交家オーグスト・ランベルモン（一八一九〜一九〇五）を讃える式典を同時に開催した。ワロンとフランデレンの式典を同時に行ったのである。そしてオランダ語で「これは『統一は力なり』という国是の実践なのです」とスピーチした。

アルベール1世

アルベール一世は当時のベルギーにおけるフランデレンとワロンの対立をよく理解していたのである。そして三国同盟、三国協商のなかで、統一を維持してベルギーを守るべきだと考えていた。

不穏な時代だったからこそ、言語の相違を超えたベルギー人の共通性、伝統を強調し、ベルギーを守りたいと考えた。

しかし、こうした国王の行動は、今度はワロン側から批判されることになる。これは歴代の国王も直面したベルギーの構造的な問題である。

ワロンの作家であり政治家のジュル・デストレ（一八六三〜一九三六）は『王への手紙』と題された公開質問状で「あなたは二つの民族を治めている。もうベルギー人はいない」とアルベール一世のフランス語を軽視すると見られる態度を批判して書き送った。アルベール一世は側近に「デストレの手紙を読みました。彼は疑いなく優れた才の持ち主です。彼が言うことのすべては正しいでしょう。しかし今の状況は危険です。行政や教育の言語を二言語化していくほうがむしろ良いでしょう」と漏らしたという。

そして彼は具体的な制度改革案を構想していた。それは、ワロンをフランス語に一元化し、フランデレンはオランダ語とフランス語に二言語化するものである。彼はこれを急務と考えていた。しかし、その実現を見る前に、時代はベルギーを第一次世界大戦に巻き込んでいった。

第一次世界大戦とリエージュの戦い

一九一四年六月にオーストリアの皇位継承者フランツ・フェルディナント大公夫妻が暗殺される、サラエヴォ事件が生じた。これをきっかけにして、第一次世界大戦が始まる。イギリスやフランスは、軍事大国ドイツが永世中立国ベルギーを侵犯して攻め込んでいくかもしれないと警戒していた。当時ドイツは武力に物を言わせる軍事大国として、ベルギーの永世中立など簡単に無視するだろうと懸念されていたのである。

ベルギーもドイツを不安の目で見ていた。探りを入れるため、一九一四年八月一日正午、駐ベルギー・ドイツ大使ベローのもとをベルギー外務次官アルベール・ド・バッソンピエール（一八七三～一九五六）が訪問している。しかしこの時点でベローは本国の考えを何も知らされていなかったので「何も心配いりません」と答えただけだった。

八月二日早朝、ドイツ軍はルクセンブルクに侵入した。その報を受けたベルギー外相ジュリアン・ダヴィニョン（一八五四～一九一六）はベローを訪ねたが、「隣の家の屋根が燃えても、あなたの家は大丈夫だ」という有名な言葉を返された。同日その言葉を新聞などで知らされたベルギー国民はそれを信じた。

実際のところ、ベローは七月二九日に本国から「指示があるまで開けてはならない」という指示付きの封書を受け取っていたが、何が書いてあるのかは知らなかったとされる。「開封せよ」という指示は、くしくも八月二日のダヴィニョンとの面会後に伝達されたと言われている。そして、その日の夜八時までに封書の内容をブリュッセルのベルギー政府に伝えるよう命じられた。

その内容とは、ドイツ軍隊のベルギー領通過許可を求めるもので、拒否すればベルギーを敵国とみなすとあった。そして一二時間以内の返答を要求した。最後通牒《つうちょう》だった。これが八月二日の夜七時にベルギー外務省に届けられた。

アルベール一世は、よく勉学に励んだ人であったから、就任時から国際情勢をよく把握し、サラエヴォ事件以降の緊迫する情勢のなか、すでに七月三一日には召集令状を配布し、他方でドイツ皇帝に嘆願書を送っていた。ドイツ出身の王妃エリザベートとともに「血のつながりと友情の絆」によってベルギーの中立を尊重してほしいと書いたのだ。しかし、その返事が先の最後通牒だった。

八月二日午後九時の閣議で、アルベール一世はドイツの最後通牒に明確に「ノーだ」と発言した。

「ベルギーは国だ。道ではない！」

「どのような結末に終わろうともわれわれの答えはノーでなければならない。……失敗は許されない」

（*Belgium from the Roman invasion to the present day* より）

そして閣議では、ドイツに対抗できるだけの軍事力はないことを承知のうえで、逆に「先にドイツをたたいてやれ！」と鼓舞した。ベローには「あらゆる攻撃を、あらゆる手段を用いて撃退する決意だ」との返事をした。ベローは、まさかベルギーが抵抗するとは思ってもみなかった。「もしベルギーを通過するなら本気で戦わなければならない」と本国に返事したほどだった。勇敢なベルガエ人の国ベルギーの歴史において、一五七五年の「スペインの暴虐」に対する戦い、そしてオランダからの独立戦争と並び称される三つ目の「勇敢な戦い」が始まる。

ベローは、その後、ドイツ軍が駐留していたアーヘンに走り、ベルギーが抵抗する覚悟だと伝えた。アーヘンにもっとも近いベルギーの大都市はリエージュである。そのことを知ったアルベール一世は、ドイツの侵入を防ぐためにリエージュにあるムース川の橋梁《きょうりょう》と、ルクセンブルク国境周辺の鉄道と橋梁の爆破を命じた。

予想通り八月四日にドイツ軍は侵入した。しかしベルギーは徹底的に抗戦した。五日にはいったんドイツ軍を退けもした。そのため、ドイツ軍は慌てふためき、報復として一般市民への残虐な殺戮を開始した。それがこの戦争を一層悲惨なものとした。さらに六日には、ツェッペリン飛行船による空爆が開始され、ついに七日、リエージュは陥落した。

ただ、このリエージュの戦いは、ドイツの予定を二日遅らせたと言われている。そして、その二日間の猶予によって、イギリスを中心とした連合軍側が十分に抗戦準備をできたとされる、第一次世界大戦の重要な戦いの一つである。八月にアルベール一世と内閣はフランスのルアーヴルに逃げ、亡命政府を形成する。ドイツ軍はアントワープに撤退したベルギー軍を追撃し、一〇月にはブリュッセル、アントワープが占領される。しかし、その後イギリス、フランス軍が介入し、およそ三年間、事態は膠着《こうちゃく》した。

占領された区域のベルギー市民は強制連行され、放火・殺人など残虐な行為によって五〇〇〇人以上の市民が犠牲になった。またあらゆる基幹産業が徴用され、物資も略奪された。この悲惨な状況は国際世論を動かし、ソシエテ・ジェネラール、ベルギーの世界的化学メーカーであるソルヴィ社の経済的支援によって、「ベルギー救済委員会」が結成された。

その後アメリカの参戦を経て連合軍が盛り返し、一九一八年一〇月にオーステンデ、ブリュージュ、コルトレイクなどが解放されることになる。

ベルギー愛国主義とフランデレン主義

第一次世界大戦下のベルギーにおいては、ドイツの占領が二つの大きな運動を作り出していた。一つは、ベルギーに対する愛国心が高まって生じた運動である。これは主に亡命政府内において高まった。ベルギーを守るため、今はイデオロギーの対立は捨てよう。それを提唱したのがベルギー労働党のヴァンデルヴェルデだった。

少し前まで労働党はエリートから好かれてはいなかった。しかしベルギーを守ろうというヴァンデルヴェルデの主張はすべてのベルギー人に好意的に受け入れられた。労働党は他の政党からも「パートナー」とみなされるようになり、カトリック党と連立政権を組むほどになった。戦時下で階級和解が成立したのだ。

また、占領下ベルギーにおいて、愛国的書物や文学も多く書かれた。もっとも代表的な人物は、ヘント大学教授のアンリ・ピレンヌ（一八六二〜一九三五）である。彼は占領下で抑留生活を強いられながらもベルギーの「統一」の歴史を講義して、若い学生たちの愛国心を大いに鼓舞した。序章で「言語境界線」の起源に触れた際、境界線をはさんで言葉の異なる民族の交流があったと記したが、ピレンヌは、この時代の「交流」や「共存」を重視して、両民族に共通する慣習が生まれたと主張し、ベルギーという国の統一性、同質性を強調したのだ。これをまとめた歴史書が『ベルギー史』である。この本は、戦時下にベルギーの統一を守ろうとした国王アルベール一世の愛読書ともなった。

他方で、占領下のベルギー国内においては、フランデレン民族がドイツと同じゲルマン民族であるために、フランデレンの自治や独立を鼓舞する活動家たちも数多く登場した。ベルギー総督となったドイツ軍のフォン・ビッシングは、ベルギー人が愛国心でひとつにまとまるよりも、分断していたほうが統治しやすいと考え、フランデレンの分離独立を支持した。

さらに、リエージュ（ワロン）から始まった戦争であったために、ワロンの人々は散らされ、徴兵されたのはフランデレンの人々のほうが多かった。しかし軍の内部ではフランス語が用いられ、前線には言葉の通じないフランデレンの人々が送られていた。この状況に対する不満が、フランデレン運動を高めることになった。自らを「アクティヴィスト」と呼ぶフランデレン主義の活動家たちは、多くが連邦化（当時の「連邦化」とは、フランデレンも独立して、「ベルギー」をフランデレン国とワロン国の国家連合とする考えで、その思想的ルーツを一七九〇年の「ベルギー共和国」にもつ）を、そして一部はフランデレンの完全独立を求めた。

後者は一九一七年七月にフォン・ビッシングの認可によって「フランデレン評議会」をブリュッセルに設け、翌年にはフランデレンの完全独立を宣言した。また前年の一九一六年一〇月には、占領軍は閉鎖されていたヘント大学をオランダ語の大学として開校した。

しかし、今や占領軍によって支配された大学である。ヘント大学はもともとオランダ語圏の大学で親フランデレン主義の立場をとる教授たちも多かったが、それでもドイツの占領に抵抗して、七名を除いたすべての教授陣が辞職した。

ベルギーのなかでは、こうしてアクティヴィストに対する反発が高まり、その後亡命政府はフランデレン国独立の無効を宣言した。第一次世界大戦が終わると、アクティヴィストの多くが逮捕され、対独協力の罪で厳しい尋問や裁判を受けた。彼らの一部はドイツやオランダに亡命し、ヘント大学も再び閉鎖された。

事態はそれだけですまなかった。完全オランダ語化されたヘント大学の閉鎖が、今度はフランデレンの人々の反発を招き、フランデレン民族主義者の「戦線党」が結成された。戦線党はヘント大学の開校や、逮捕されたアクティヴィストの大赦を要求した。

一九二八年に大赦が刑期一〇年以下の者に限定して認められたが、それでは不十分とするフランデレン側の反発が起こり、二九年の選挙で戦線党が躍進することになった。この戦線党の躍進に脅威を感じた政府と議会は、一九三〇年にヘント大学をオランダ語の大学として開校することを決定したが、今度はワロン側が反発して、フランス語大学をヘントに設立する計画を立てた。これにより議会は紛糾した。

フランデレン側とワロン側がそれぞれ主張を強めていくなかで、結局一九三二年にベルギーは、後々の言語問題のきっかけとなる「地域言語制」を導入する。つまりフランデレンの公用語はオランダ語、ワロンの公用語はフランス語、そして地域としてはフランデレンにありながら人口の大半がフランス語を用いるブリュッセルは、例外として「両語圏」とされた。

2　大恐慌と「ベネルクス」構想

大ベルギー構想からベルギー＝ルクセンブルク経済同盟へ

第一次世界大戦において、ベルギーは国際的に承認された中立国であるにもかかわらずドイツの侵略を受けた。ベルギーは中立の無意味さを知ることになる。そして占領下という特殊な状況のなかで芽生えてきたのが、「大ベルギー」構想である。これは、ベルギーの東に隣接するリンブルフ州（オランダ領）とルクセンブルクを併合しようとする考えであった。

リンブルフ州はロンドン会議のとき、ベルギー領（州都ハッセルト）とオランダ領（州都マーストリヒト）に分割された。またルクセンブルクはベルギーが独立したときに、オランダを嫌い、ベルギーの一部に加わることを望んだ。しかしウィーン体制の五大国は、ルクセンブルクの大半をオランダの支配下においたままであった。そこで、リンブルフ州とルクセンブルクのすべてをベルギーに戻せという考えが大ベルギー構想である。

当時のベルギー外相であるポール・ユイマンス（一八六五〜一九四一）によれば、こうした拡大主義は「征服者の幻想」ではなく、一八三〇年のベルギー独立時の創始者によって描かれた、あるべき姿、すなわち「理想」のベルギーを回復しようとする構想であった。

これをベルギーの亡命政府が対外的に表明したのは一九一五年六月のことである。ドイツの支配下にあってナショナリズムが高まるなか、「大ベルギー構想」が急激に高まってきたのである。

しかし、当然のことながら、これは隣国の反発を招く。特にオランダでは、国中でベルギーに対する批判が高まった。ベルギーはリンブルフ州の全面獲得をあきらめざるをえなかった。そこでベルギーは、ルクセンブルクの併合を第一次世界大戦の処理会議であるパリ講和会議で要求した。

ドイツは第一次世界大戦に勝利すれば、ルクセンブルクをドイツ帝国の構成国としようと考えていたので、戦後、侵犯の非を認めつつも、なかなかルクセンブルクから撤収しようとはしなかった。ベルギー側は「そもそもルクセンブルクはベルギー参入を望んでいた」と、自らの大義を主張した。

敗戦国であるドイツの要求は実現されなかったが、ベルギーもルクセンブルク併合を実現できなかった。ルクセンブルクにおいても、やはり戦時にナショナリズムが高まり、民族自決を謳う国民運動が展開されたからである。

そして拡大主義の失敗の結果、残されていたのはルクセンブルクとの経済同盟であった。ベルギーに併合されることに対しては懐疑的であったルクセンブルクも、小国ゆえに経済パートナーを必要としていた。

こうして、ベルギーとルクセンブルクは域内サービス、商品の流通の自由化を目的として経済同盟を形成した。これは、その後、第二次世界大戦が終わってから、ベルギー、ルクセンブルクにオランダを加えた「ベネルクス」同盟へとゆっくり発展していくのだが、ベルギーから見れば、第一次世界大戦のなかで芽生えた拡大主義の挫折《ざせつ》の結果であったとも言えるだろう。

大恐慌下のベルギー経済

第一次世界大戦は甚大な影響をベルギーにもたらした。五万人以上の兵士、六〇〇〇人の市民が死亡し、鉄道、牛や馬、豚などを失い、被害総額は二〇〇億ベルギー・フランと算出された。他方でドイツからの賠償金の優先的支払いが認められ、ドイツ領だったルワンダ、ブルンジを領有することになった。アルベール一世は率先して指示を出し、社会保障の整備、インフラの復興を進めた。その原資は、ドイツからの賠償金二五億ベルギー・フランが充てられ、一九一九年末までに復興計画は完了する予定であった。

ドイツの賠償金支払いが滞った一九二三年、多額の財政赤字を抱えたベルギーはフランスとともにルール炭田を占領する。その後の一九二九年の大恐慌のときには、かつて第一次世界大戦中の「ベルギー救済委員会」で中心的役割を担ったエミール・フランキ（一八六三〜一九三五）の主導で、新税が導入され、また鉄道株の売却などにより一時的に経済は好況に向かった。

ヨーロッパ各国においては大恐慌の影響で保護主義経済が進められ、さらにソ連では共産主義による計画経済、他方でドイツやイタリアではファシズムによる国家再建が模索されていた。

この時期、ベルギーで経済政策の主導的役割を担ったのは、ポール・ヴァン・ゼーラント（一八九三〜一九七三）であった。ヴァン・ゼーラントはベルギーのエノー州の生まれ。ルーヴェン・カトリック大学に入学した彼は、トマス・アクィナスの哲学を学んだ。

その後ヴァン・ゼーラントは第一次世界大戦を経験し、戦後、荒廃からの復興を使命と感じ、専攻を経済・金融学に変える。アメリカのプリンストン大学に留学して経済学修士を取得し、帰国後、ベルギー国立銀行に入行した。戦後復興が望まれるなかで、彼の秀でた理論が評価され、一九二六年には国立銀行の理事に選任され、ベルギーの経済・金融政策の中心的な立場に立った。

それから数年後の一九二九年に大恐慌が生じる。しかし先にも記したように、しばらくベルギー経済は順調であった。彼は各国で遊説した。そして保護主義経済や統制経済に反対し、自由市場の確保が重要であることを力説した。

世界的な保護主義経済の潮流のなかでの、ベルギーの闘いであった。しかし一九三二年にはイギリスへの輸出額が低下し、全体のベルギーの輸出額は対一九二八年比で四七％へと急激に低下した。倒産、失業者が急増し、ストライキ、銀行破綻が連鎖的に続いた。一九三〇年には三〇〇万ベルギー・フランだった失業手当の支払額が、一〇億ベルギー・フランに急増した。そして、不幸なことに、一九三四年にアルベール一世が趣味の登山中に遭難死してしまう。ベルギーの経済、社会、政治は、カリスマ的人気を誇った国王を失ったこともあり、一気に暗転していく。

なお、ブリュッセル最大の公立図書館は、王宮に隣接する「アルベール一世王立図書館」である。その前に彼の彫像が立てられ、向かいにはエリザベート王妃の彫像があり、二つの像は互いを見つめている。王立図書館にその名がついていることからわかるように、ベルギーの人々は、アルベール一世の功績と二人の愛を、敬意をもって大切にしている。

3　レオポルド三世と第二次世界大戦

ファシズムの台頭

一九三二年以降の経済危機は、議会制民主主義への批判を高めていった。あらゆる政策が功を奏することなく政権交代が続く。戦間期二二年間で一九回の政権交代が生じた。政局の不安定化は従来の政党に対する不信を高め、さまざまな新政党が台頭するようになった。既成政党にとってもっとも脅威だったのはワロンやブリュッセルで台頭したレックス党である。レックス党は、ルーヴェン・カトリック大学のカトリック青年活動家団体を母体としている。

ドイツにおけるヒトラーの脅威が高まったこの時期は、同時にベルギー人の愛国心が高まりを見せた時代でもあった。そしてその愛国心はオランダからの独立戦争の記憶と歴史を蘇《よみがえ》らせ、かつてオランダとベルギーを分けたカトリックの信仰心をも高めた。他方で、前述のように、フランデレンの分離主義運動も高まっていた。

こうした複雑な状況において、ワロンのカトリック信者のなかでは、ベルギー・ナショナリズムが高まった。カトリック信仰とベルギー・ナショナリズムがワロンにおいて結びつき、大きな政治運動となっていく。レオン・ドグレル（一九〇六～九四）を指導者とし、ベルギーの既成政党や政府の失敗を強調して、民主主義を批判し、より権威的な政治体制、ファシズムに向かう改革を訴え支持が集まった。こうした状況に、新国王は対応しなくてはならなかった。

レオポルド三世の独自外交

アルベール一世の事故死によって一九三四年に即位したのは息子レオポルド三世（一九〇一～八三）である。三三歳のときであった。背の高い、青い目とブロンドの髪の美男として王子のころから評判であった。何をしても弟シャルルより秀でており、弟は「兄に勝るものは、成績がクラスで下から二番目だった私には何もない」と日頃から口にしていた。

彼は一九二六年にスウェーデン王室のアストリッド妃（一九〇五〜三五）と結婚した。当時彼女は清楚《せいそ》な美女としてヨーロッパ中の注目を集めていた。ゲルマンの血をひく彼女との結婚は、フランデレンとの関係を好転させるのではないかと期待が広がった。

レオポルド王子とアストリッド妃

また、レオポルド三世はベルギー史上初めて（誓約だけではなく）即位挨拶をフランス語、オランダ語の両語で行った。

「紳士、淑女のみなさん、私は、私に与えられた責任の大きさと重さを決して忘れることはありません。……公務に専念することが、ベルギー王室の変わらぬ特色であります。それは私の父がいつも心に留めていたことでありました。すべてのベルギーの人々が国民と国王の密接な関係の価値を理解しているという事実が、今までずっと示されてきた親愛の証《あかし》であります。……こんにちの危機に直面して、政府は困難な状態にあります。……国家の独立と清廉は国民の統一と不可分であります。ベルギーが独立を守り統一を維持していることは、ヨーロッパの勢力均衡の中でもっとも重要な要素であります。過去そうしたように、ベルギーの領土と自由を守るためには、すべての必要な犠牲を厭《いと》わない決意であります」

レオポルド三世は一九三六年一〇月一四日の閣議で、ベルギーの外交政策の変更が必要であると訴えた。フランスに従属しない、独自の外交政策への転換を主張したのだ。ヴァン・ゼーラント首相、ポール・アンリ・スパーク（一八九九～一九七二）外相は、そのスピーチを公にすることにした。

国王の「独自外交路線」の背景には、一九二〇年に結んだフランスとの軍事協定があった。ドイツで台頭するヒトラーは、第一次世界大戦の遺恨もあり、フランスに強い敵対心をもっていると考えられていた。ベルギーとフランスとの軍事協定は、ベルギーをヒトラーの「標的」にする恐れがある。だからこの軍事協定は破棄しなければならないと国王は考えたのである。

ドイツの新聞は彼の「独自外交」を、フランスからの離反と解釈して讃え、フランスの新聞は裏切りと非難したが、彼はただ父の路線を継承し、ベルギーを守ることを最優先に考えていた。そして、彼にとってベルギーを守ることは、徹底した「中立」に立つことであった。一九三九年の一〇月に、彼はアメリカのラジオ番組のインタビューにおいて、以下のようなことを述べている。

……私たちは領土に対する野望などもってはいない。今ヨーロッパを二分している紛争の起源についても、直接的にも間接的にも関心はない。ただ、もしベルギーが巻き込まれるなら、ベルギーは戦場になってしまうだろう。戦争の結果如何《いかん》を問わず、限られた狭い国土すべてを焼け野原にしてしまうだろう……。

（*The prisoner at Laeken* より）

いかにして戦争からベルギーを守るか。戦争に巻き込まれないようにするか。レオポルド三世の思考は、それにつきるのである。

独自外交の顚末

前出のスピーチをきっかけに、レオポルド三世にとって予想外の大きな問題がベルギーを揺り動かした。外交政策の転換を主張したこのスピーチは、フランデレンのアクティヴィストを活気づけたのだ。国内では、フランデレン側は「独自外交」を「フランス軽視」の姿勢と解釈し、歓迎して、例えば「フランデレン退役軍人連合」は「フランスから自由に！」と叫び、キャンペーンを実行した。それを支持した戦線党は「フランデレン人民同盟」へと発展した。

この潮流が一気に噴出したのは、先の一九三六年の選挙であった。カトリック党は一六議席を失い第一党の座を奪われた。フランデレン人民同盟が一六議席へと躍進した。逆に「フランス軽視」の独自外交路線のためワロン側の反感は強くなり、レックス党が二一議席を獲得した。さらに共産党が九議席を得た。

主要政党は党改革を余儀なくされ、カトリック党はワロンの「カトリック社会党」とフランデレンの「カトリック人民党」に分かれて一つの連合組織を形成した。社会主義系のベルギー労働党はちょうど世代交代の時期にさしかかり、これまでのヴァンデルヴェルデではなくポール・アンリ・スパーク、ヘンドリック・ド・マン（一八八五～一九五三）といった政治家が党を率いていくことになる。特にド・マンは階級闘争から労使協調を主張して、ベルギー経済復興のために私有財産を認めながら銀行や鉄道など基幹産業の国有化、大規模な公共投資を訴えた。

世代交代の渦中にあって、主要政党は統治能力を低下させていた。レックス党やフランデレン人民同盟を政権から排除するため、カトリック、労働、自由の三党はヴァン・ゼーラントのもとで大連立内閣を発足させた。しかしアクティヴィストの要求を無視することはできず、一九三七年五月一四日には本格的に大赦法が議会で議論されることとなる。この間、街は一〇万人規模の賛成、反対両派のデモであふれていた。

反対派は「アルベール一世、万歳！」と愛する前国王の名を連呼し、レオポルド三世を馬鹿にしてデモンストレーションした。内閣の総辞職を要求し、議会解散と大赦法の是非を問う国民投票を要求した。バリケードをやぶって王宮庭園に数百名の抗議者が侵入し、緊張が高まるなかで、代表は王の言葉を待った。「大赦法を強行してしまえば、社会不安を余計に煽《あお》ってしまうのではないか」と考えた国王はついに自ら事態を収拾しようとして、閣僚に相談なく抗議代表者に会い「憲法が許す範囲で、私のできる限りのことをしよう」と約束した。

それを聞いたヴァン・ゼーラント内閣の副総理だったヘンドリック・ド・マンは王の下に駆けつけ、「そんなことを勝手にされては困ります。政権交代は決定的です」と叱《しか》りつけた。ド・マンの目的は単に政権の存続ということにあったわけではない。本音は議会の権力を守ることにあった。議会が決めたことを国王の一存で勝手に変えたら、議会制民主主義は死んでしまうと説得され、レオポルド三世は従わざるをえなかった。

七月二日、彼は再び抗議団体の代表と会い、「……ある人たちは、新しい大赦法を、私たちの国民の尊厳、戦没者の名誉に対する批判だと言っている。それは正しくない。誰が何と考えようとも、大赦法が国民の尊厳や名誉を辱めることなど決してない。私はそれをあなたに保証する」と伝えた。さらにレオポルド三世は、父の代で決定したことを覆すことはできないと代表を説得した。

こうして政権は安定しないまま、一九三八年、ベルギーの歴史で初めて労働党のスパークが首相になる。ただ、やはりアクティヴィストであったアドリアーン・マルテンス（一八八五〜一九六八）を、大赦法可決前にフランデレン医学アカデミーへ推薦していた責を問われ、スパークも早々に辞職した。

レオポルド三世の孤独

一九三五年、国王夫妻がドライブ中に、レオポルド三世が運転を誤って事故を起こし、それ

レオポルド3世

によりアストリッド妃が亡くなった。わずか一年の間に彼は父と妻を失ったことになる。

レオポルド三世の悲しみや苦悩をさらに深めたのは、弟シャルルの存在であった。シャルルは「ミルクを、その倍以上の量のウイスキーで割って、しかもグラスではなくボトルで飲む」ような豪遊で知られた。そんなシャルルが結婚したいから認めてくれとつれてきたのは、有名なベルギーの焼き菓子屋の娘だった。

ベルギーは小国として独立したため、当時は、王子が周辺大国の王女や名家の令嬢と結婚することが望ましいとされてきた。王族を通じて周辺の大国との関係を良好なものとして小国の独立を守ろうとしたからだ。独立時に制定された一八三一年のベルギー憲法八五条では、国王の子孫が国王の同意なくして婚姻した場合、王位継承権を失うと明記しており、その失権を回復するためには議会の同意が必要であるとしている。つまり国王に認められなければ結婚できず、認められないまま結婚する場合には王位継承権を失うことになるのだ。

シャルルが平民と結婚することには、レオポルド三世が反対した。そのため議会もこれを認めず、シャルルは最終的に結婚を断念した。シャルルはもともと優等生の兄が嫌いだったし、レオポルド三世も夜の世界で豪遊する弟に好意をもてず、兄弟の溝は深まるばかりだった。尊敬する父、愛する妻を失い、そして弟とは断絶状態。レオポルド三世は孤独であった。そのころすでにヒトラーは一九三八年にオーストリアを併合しズデーテンに進駐していた。ベルギー外相スパークは、他のヨーロッパの主要国と同じくナチスに対して宥和《ゆうわ》政策を採り続けていたが、国際情勢は緊迫の度合いを増していた。

行き過ぎた中立政策

一九三九年九月一日にドイツ軍がポーランドに侵攻するとイギリス、フランスが宣戦布告し、第二次世界大戦が始まった。翌四〇年四月、ドイツがデンマーク、ノルウェーに侵攻すると、イギリスとフランスはドイツがベルギーに侵攻することを確信し、フランス軍とイギリス軍の常駐をレオポルド三世に依頼してきた。いずれもベルギーでナチスを食い止めるためである。

しかし「ベルギーを守る」ことを使命としていたレオポルド三世は怒り、「国境にのみ」軍の常駐を認めると返事した。そしてベルギー領内で兵士をみかけたら、イギリスだろうがフランスだろうが射殺すると返事した。彼はベルギーを戦場にしたくなかったのだ。ベルギーを破壊する者は、ドイツもイギリスもフランスも同じ存在とみなしたのである。それが彼の中立政策だった。

しかし、この返事に、フランス首相のポール・レノー（一八七八〜一九六六）は「われわれをヒトラーと同等に扱うのか！」と激怒し、イギリス首相ウィンストン・チャーチル（一八七四〜一九六五）も「ベルギー人はすべての中立国のなかでもっとも卑劣だ」とあきれた。チャーチルは後に、「レオポルド〔三世〕は、戦争を避けて通りたいと思っている愚かなベルギー人の代表だ。それは無駄に終わるだろう」と回顧録に記している。

これが引き金となって、レオポルド三世は「ベルギー国内にいるプロパガンダを洗い出せ」と指示を出した。ベルギーの独立を守るために、諜報《ちょうほう》活動の疑いのあるベルギー人と外国人を一斉に検挙していった。多くのフランデレンの活動家や共産主義者がブラックリストに挙がった。ベルギーを戦争に巻き込む可能性のある国すべての出身者が挙げられた。ドイツ人やイタリア人だけではない。イギリス人やフランス人もである。

くしくも多くのユダヤ人がホロコースト下のドイツからベルギーに逃亡してきていた。その数千ものユダヤ人家族がベルギーを追い出され、行き過ぎた中立政策の問題を露わにした。

マジノ線とアルデンヌの森

そのような混乱のなか、一九四〇年五月一〇日、ドイツ空軍は宣戦布告することなくベルギーの空港に空爆を開始した。最初の空爆でベルギー空軍の大半は壊滅的打撃を被った。同時にドイツ軍はベルギー国内へ進撃した。戦闘機と落下傘部隊による攻撃はベルギー最大にして最強の要塞、エバン・エマールをわずか二四時間で陥落させた。レオポルド三世率いるベルギー軍はアントワープ、さらにはスヘルデ川の東へ撤退した。ベルギー軍は一八歳から三五歳の男子にダンケルクでの徹底抗戦を呼びかけ、レオポルド三世も兵士を鼓舞した。

当時フランスはドイツとの国境線を中心にマジノ線と呼ばれる防衛線を建設中であり、ここを突破することはドイツ軍といえども難しいと言われていた。また、マジノ線より南方のアルデンヌは山岳地帯で、ここを戦車や軍が通過することは地形上無理と予想されていた。しかし、ドイツ軍は、連合軍を出し抜いてルクセンブルクからアルデンヌの山岳地帯を強引に踏破してフランスに侵入した。このためベルギー軍、フランス軍、イギリス軍は分断されて合流することができなくなった。

ドイツのアルデンヌ侵攻によってフランス軍やイギリス軍と遮断されたものの、ベルギー軍は徹底抗戦した。一一日から一三日の間、レイエ川をめぐる攻防では、ドイツ軍の侵攻を防ぐためいくつかの橋梁を破壊し、激しい戦闘を展開した。ベルギーは出撃した戦闘機の一二機中一一機を失ったが、一方でドイツの戦闘機一五機中九機を撃墜した。

また、一二日から一四日の間、リエージュ近くのアニュー村では当時最大規模とされる戦車戦が、フランス、ベルギー連合軍とドイツ軍の間で争われた。この勇敢な戦いによって、イギリス軍はいったん大陸から撤退することに成功する。ドイツは、このときのベルギー人の戦いぶりを「その驚くべき勇敢さ」と記録している。

降伏する国王

しかし武器、兵力で劣るベルギーにできることは限られていた。「勇敢さ」は敗者に贈られる慰めの賛辞でもあったのだ。大勢が決した一九四〇年五月二五日、西フランデレンのウィネンダル城にレオポルド三世と閣僚が集まった。そこでの話し合いで政府と国王は激しく対立した。政府はフランスで亡命政府を組織し抗戦しようとした（実際はその後ロンドンへ向かった）。まだドイツに勝てるチャンスはあると考えたのだ。

しかし、国王はその可能性を信じなかった。ベルギーをさらなる戦火にさらしたくはなかった。そしてドイツが大陸を支配すると考えて、ドイツの新しい構想にもとづく新しいヨーロッパのなかで、ベルギーの未来を考えるべきだと主張したのだ。それは無条件降伏することであり、そのために彼は国民とともにベルギーにとどまることを決意していると言った。

降伏時のレオポルド３世

これに閣僚たちは同意せず、結局意見の一致はみられなかった。レオポルド三世はナチスと話し合うためブリュッセルに残り、その間に閣僚はフランスへ逃げた。そして、亡命政府はレオポルド三世を亡命したベルギー政府の国王として認めないと宣言した。一九四〇年五月二八日に彼は降伏を宣言し、ラーケン（ブリュッセル王宮は執務のためで、ラーケン王宮は住居用）に幽閉されることになった。これが戦後になってベルギーを揺るがす国王問題の始まりである。

ベルギーの戦いの雌雄を決したのは、もちろんドイツの作戦の早さ、軍事力だろう。しかしレオポルド三世という国王を軸にして考えるとき、イギリスやフランスとの連携を拒んだ彼の態度も要因になっていることがわかる。そのために連合軍側の配備は遅れたのだ。

占領下のベルギー

占領下のベルギーはナチスの親衛隊やファシズム組織の統制下におかれた。食料配給は極端に制限された。また連合軍からの空爆もたびたびあった。この時代の雰囲気は、ナチスの青少年団体ヒトラーユーゲントにベルギー人家族の一員が加わったことによる悲哀を描いた、ヒューホ・クラウス（一九二九～二〇〇八）の小説『ベルギーの悲しみ』などで知られている。

多くの人々がヒトラーに従わざるをえなかった。特にフランデレン人民同盟はドイツ軍と協力し、フランデレンと北フランス、オランダを統一する国家を樹立しようとした。ド・マンでさえもヒトラーの勝利を確信して、ベルギー労働党の解散を宣言した。それほどヒトラーの勝利を確信する人が多かったのだろう。レジスタンスが国内で組織化されたのは、一九四二年のことであった。

一九四三年秋までには、東部戦線におけるソ連の進出、北アフリカにおける連合軍の勝利、ムッソリーニの失脚などが続き、戦局は連合軍に傾いていった。一九四四年六月六日、ノルマンディー上陸作戦でベルギーはまたも戦場となり、国土に大打撃を受けた。敗色濃厚となったドイツはフランス、ベルギーから撤退し、同年九月九日までにリエージュ、モンス、ブリュッセルなどベルギーの多くの都市は解放された。全土が解放されたのは同年一一月三日のことであった。

レオポルド三世の考えは、徹底した「中立」にあった。それが「ベルギーを守る」ことにつながると主張した。そのためにイギリス、フランスとも敵対した。また、そのために戦いをやめて、ベルギーに残った。繰り返すが彼の本意は、「将来にわたってベルギーを守る」ことであって「ベルギーをナチスに売り渡す」ことではない。その意味では、彼は「対独協力者」ではなかった。占領下のベルギーを自ら「統治」することを拒んだことからも明らかである。しかし他の多くの人々からは裏切り者と映った。

幽閉中の一九四一年、レオポルド三世はイギリス生まれのベルギー人、リリアン・バエル(一九一六〜二〇〇二)と再婚した。彼女は前農業大臣の娘である。ヒトラーは結婚を祝して花を贈った。しかし、彼女が平民出身であったため、ベルギーでは結婚が正式に承認されなかった。それゆえ王妃とは認められず、彼女との間にもうけた子供たちに王位継承権はなかった。前王妃がヨーロッパ中から愛された、不運の美女であったことも、レオポルド三世とその家族に厳しい目が向けられる一因となった。

もしレオポルド三世に非があるとすれば、それは彼が父に比べ、独りよがりだった点にある。アルベール一世は必ず側近の政治家の意見に耳を傾けた。むしろ政治家の決定に従った。フランスとの軍事協定もアルベール一世の独断ではない。しかしレオポルド三世は、この時期愛する妻を失い、弟との関係もぎくしゃくし、孤独だった。

加えて彼は、きわめて優秀な人物だった。だからこそ（特に国王の裁量が許されている外交は）自身の政策を進めたかった。しばしば彼はド・マンに叱られたが、逆に怒鳴ったこともあった。中立政策を話し合おうとするド・マンに会いたくないために、隠れて魚釣りをしている自分の写真を彼に送り「あなたがすでに考えているかどうか知りませんが、私は今『中立』という名の大きな魚を釣ろうとしています」と書き添えた。

レオポルド三世はしばしば政治家を馬鹿にした。不安定な政情が続いていたので、言いたいこともあっただろうし、自分から見て劣った政治家が多かったのだ。政治家を「統治できない大臣。しかし政党の指示には従順。労働組合を喜ばせることは得意」と公に非難した。そして、彼は自分で政治を決めようとした。国王の権力と議会の権力の齟齬があり、君主政と共和政の狭間で、ベルギーがもっとも苦しんだときであった。

【コラム】文芸――ネロとパトラッシュ、タンタンとスノーウィ

現代におけるベルギーと日本の関係は児童文学『フランダースの犬』で強くなったといってもいいだろう。イギリスの作家、ウィーダ（ペンネーム）によるこの物語は、原作が一八七二年に刊行され、日本では一九〇八年に最初の翻訳が出版された。

第二次世界大戦で一時断絶した両国の関係が復活した理由として、文化的に見ると、一九五〇年以降に童話文学として出版された同書が果たした役割も大きい。『赤毛のアン』の翻訳で知られる村岡花子（一八九三～一九六八）も戦後の翻訳に携わっている。一九七五年には日本でテレビアニメが放映され、舞台となったアントワープは日本人の一大観光スポットとなった。主人公が最終回で息を引き取り、賛美歌「主よ、みもとに」の流れるなか、神のもとに召されるシーンは、多くの人の涙を誘った。

ただし、アニメを通して広く知られている日本とは異なり、ベルギーでこの物語はあまり知られていない。物語で少年が死んでしまう結末は、一九世紀末のフランデレンではさほど珍しいことではない。また「負け犬の物語」として批判されることもあった。アメリカでは主人公ネロが幸せになるストーリーにリメイクされたこともあり、各国それぞれの受け止め方がある。名犬パトラッシュも原作では（あまりかわいいとは言えない）褐色のがっしりした野犬。日本人観光客用にアントワープ駅前に作られた銅像は、ネロとパトラッシュを、やせ細った貧しい子供と犬として描いている。

文学の世界でより評価され、また日本で知られているのは、一九一一年にノーベル文学賞を受賞したモーリス・メーテルリンク（一八六二～一九四九）の『青い鳥』である。メーテルリンクはヘントの生まれ。この功績によって、彼は一九三二年、伯爵に叙された。

大学卒業後パリで象徴主義の影響を受けた（一八九二年発表の『死都ブリュージュ』で知られる象徴派のジョルジュ・ローデンバッハ〔一八五五～九八〕はトゥルネー生まれ）。彼は「生と死の意味」を模索した作家だったと言われる。第二次世界大戦時にはリスボンに亡命し、ナチスによるベルギー・フランス併合を批判した。その影響で、彼は遺書で、ドイツと同盟関係にある日本への版権譲渡を拒否している。

『青い鳥』の原作は一九〇八年で、翻訳は一九一八年だから、第一次世界大戦のころである。チルチルとミチルが夢の中や未来を旅するが、幸福を運ぶ青い鳥は、今ここにいるのだよというメッセージは、苦しい現実を耐え忍ぶ多くの日本人の共感を得た。

現代の文芸作品でもっとも知られているのは、エルジュによる漫画『タンタンの冒険』だろう。ブリュッセルだけではなくヨーロッパの大都市には必ず「タンタン・ショップ」がある。近年ハリウッドで映画化されたこの作品の原作は一九二九年から新聞で連載された。正義感の強い少年記者タンタンと、相棒で酒と骨が大好きな愛犬スノーウィは、世界そして宇宙まで事件を追って冒険する。

単行本は一九三〇年で、第一巻はソビエト、第二巻（一九三一年）はコンゴを探検しているところが世相を反映しているし、ベルギーらしいところである。

ちなみに現在ベルギーでは日本の漫画やアニメが大流行で、ｍａｎｇａ専門の書店や、大きな書店でも必ずｍａｎｇａコーナーがある。そのためルーヴェン大学の人文学部日本学科が人気だが、大学初年次に徹底して日本語の基礎を教え込まれるのでついていけない学生も多く、ストレートで二年生になれるのは、現在わずか二〇％程度（二〇一三年実績）しかいない！

第4章　戦後復興期——一九四五〜五九年

1　静かな五〇年代

戦後復興への途

戦局が連合軍側に傾きかけてきた一九四四年春に、レオポルド三世は、ベルギーが解放されることを想定して、声明文を起草していた。ほぼ彼単独で書き上げたこの『政治宣言』は、やはり「中立」を守ることに固執し、連合軍が勝利した場合でも連合軍側につくことを拒絶していた。彼からみれば、連合軍も別の占領軍であった。

しかし隣国ルクセンブルクが解放され、ベルギーの解放も目前に迫った一九四四年九月二一日、ベルギー亡命政府は、レオポルド三世の弟であるシャルル王子を摂政に立てることを宣言した。シャルルはオランダ語およびフランス語で、レジスタンスと連合軍の犠牲に敬意を表して、最終的な勝利まで戦い抜くことを約束した。要は「中立」に固執したレオポルド三世とは別の道を選択したのである。しかも兄のように独断専行ではなく、亡命政府の下でこのスピーチを考えた。

戦争が終わると、荒廃した国土の復興が優先された。二つの地域政党の連合体だったカトリック勢力は再び一つの政党に編成された。オランダ語グループのCVP（キリスト教人民党）とフランス語グループのPSC（キリスト教社会党）という名称がそれぞれ残ったが、この時

政党名	イデオロギー（地域）	略称	主要リーダー
キリスト教人民党／キリスト教社会党	キリスト教民主主義	CVP・PSC	エイスケンス，ルフェーブル
ベルギー社会党	社会民主主義	PS	ヴァン・アケル
自由党	自由主義	PL	ファンアウデンホーフェ
人民同盟	地域主義（フランデレン）	VU	ファン・デル・エルスト
ベルギー共産党	共産主義	CP	
ベルギー民主連合	キリスト教民主主義の分派（ワロン）	UDB	

戦後のベルギー主要政党

期のカトリック政党は同一の政党としてＣＶＰ・ＰＳＣと表記される。オランダ語の新聞がこの政党をＣＶＰと呼び、フランス語の新聞はＰＳＣと呼んだ。そしてファシズムに傾倒したメンバーはおおかた元のＣＶＰ・ＰＳＣに戻っていった。

また、無用な労使闘争を回避するため、労使同数の代表からなる調停委員会が成立した。戦後和解体制の第一歩であった。かつての遊び人シャルルは法に従い、閣僚たちとオープンに十分に相談して事を進めた。経済復興は順調であった。

終戦直後の言語問題

この時期の言語問題について簡単に触れておこう。先の『政治宣言』でレオポルド三世は、言語問題について「不平等と不正の時代は終わりました。フランデレンの臣民は、自らの壮大な歴史に誇りをもち、未来が自分たちに供する大きな可能性に気づいています。［フランデレンの人々は」オランダ語を語ることを拒絶し、ともに暮らすことを拒絶する、偏狭で身勝手な少数者によって強いられる犠牲を終わらせようと決意しています。彼らの要求を理解しない議会とのろまな政府が、フランデレンの人々の忍耐を限界にまでいたらしめています。一部の人はワロンとの分裂を望み、それゆえベルギーの未来を悲観しています。これがさらにワロンの人々の反感を招いています。この力をみくびることは危険です」と述べた。

レオポルド三世は、戦後ベルギー政府の最重要課題は、「フランデレンとワロンの和解」にあると見た。それ次第で国の存続が左右される。二つの民族が等しく扱われて、ブリュッセルは多文化主義の象徴として二言語を公用語とする新しいベルギーが模索されねばならないとレオポルド三世は宣言した。ここまで国王が言語問題について危機感を明らかにしたことはかつてなかった。

ただし彼の言葉は、政府や議会に対する痛烈な批判を含んでおり、そのために真意が正しく伝わらなかった。何より国を裏切ったとみなされたレオポルド三世の言葉は、国民に響かなかった。

一九四五年から一九五〇年の間、フランデレン運動は、戦間期と比べれば下火になっていった。この時期、フランデレン側の主張はナチス支持の主張とみなされたからだ。逆にこの時期は、ワロン側の主張が高まり、彼らから連邦制構想が提唱された。ワロンの連邦主義が高まった背景には、ワロンの強い反ナチ感情が反フランデレン感情と結びついたことがある。

実際に一九四五年には全国ワロン議会が設けられ、多くのワロン政治家、閣僚、活動家が集まり、ワロン側の意思を表明、決定した。投票の結果、四八六票はフランスへの併合を望み、三九一票は連邦制を、一五四票はワロンの独立を主張した。現状維持を望んだのはわずか一七票だった。しばらくの話し合いののち、決選投票では、全会一致で連邦制を支持した。戦争が、ワロンの反フランデレン感情を高め、連邦制への思いを強くすることになった。

ただし、この時期の課題は、何よりも戦後の復興にあり、それをベルギーの多くの人が理解していた。そこで、言語問題の解決のため、ベルギーの将来を検討する委員会が、ワロンのカトリック政治家、ピエール・アルメル（一九一一～二〇〇九）を中心に立ち上げられることになった。

国王問題

レオポルド三世がベルギーにとどまったことは、解放後のベルギーにとって大きな問題となった。平民と結婚し、ヒトラーから祝福を受けたことへの批判もあった。さらに連合軍が入城し、解放が進むなかで、ラーケンからドイツに移っていた。圧政と窮乏のなかにあった国民から怒りの感情を抱かれたとしても、致し方なかった。

亡命政府は、解放後の再建を考えるとき、王の帰還を前提にしてシャルルを摂政にした。しかし一九四五年四月には、労働党から再編された社会党がレオポルド三世の復位に対する反対を表明した。それに対してカトリック政党（CVP・PSC）は復位に賛成した。

六月に正式にレオポルド三世が復位の意思を表明すると、カトリック政党の閣僚が責任をもてないと辞職し、以後、社会党を中心とする左派連立政権は、この問題を解決できなかった。一九四四年九月二六日から一九五一年七月一六日までの間に一三もの政権が交代した。この問題で政局は不安定だった。

一九四九年六月の選挙を経て、ハストン・エイスケンス（一九〇五〜八八）によるカトリック・自由党連立政権が誕生する。レオポルド三世の意向もあり、エイスケンスは一九五〇年三月に国王復帰を問う国民投票を実施した。

結果は、五七・六八％が復位に賛成であった。しかしそれはフランデレンの七二％の支持によって支えられた数字であった。ブリュッセル、ワロンでは五〇％に届かず、地域の差を浮き彫りにした。ワロンからすれば、レオポルド三世はベルギーを捨てた、親フランデレンの国王だったのだ。エイスケンス内閣は性急な結論を求めず、総辞職した。その後、選挙で過半数を得たカトリック政党（国王復位を支持していた）が単独で政権を担うことになり、七月にレオポルド三世はベルギーに戻ることとなった。

しかし国内は、復位をめぐって大きく混乱した。大規模な抗議が噴出し、そのなかで死者まで出た。こうした騒動によりレオポルド三世は復位を断念し、王子のボードゥアン（一九三〇〜九三）に国王の座を譲ることにした。国民投票によって国内の民族的亀裂を露呈させることにはなったが、戦後復興のなかでベルギーの統一は維持された。皮肉にもレオポルド三世が「ベルギーを守る」ことができたのは、自らの退位を通じてであった。

ボードゥアン一世の即位

戦後復興のなか、一九五一年七月、若くして王位を継承したボードゥアン一世とともに新しいベルギーがスタートしようとしていた。イギリス外務省は「ボードゥアン王子はベルギーについて何も知らない。国際的外交の経験もない」と当時は評していた。少なくとも即位の時点で、彼には何の権威も権力もない。若すぎるボードゥアン一世は、いつも議会とともに歩む姿勢を崩さなかった。

さらに、ボードゥアン一世は、即位早々奇妙な噂《うわさ》に悩まされた。父レオポルド三世は、すでに政治に対する関心を失っていた。王の近くにはいつも継母であるリリアンがいた。そのため二人の関係についていろいろな噂が流れたのだ。

ボードゥアン一世からすれば、予期せず王となった。しかも世論は王室に対して批判的である。彼女しか頼る人はいなかった。しかしそのため、リリアンとボードゥアン一世の様子はあたかも恋人のように映った。これらの噂やゴシップのせいもあって、ボードゥアン一世は政治と一線を画した。ここからしばらくの間、ベルギーの政治を引っ張ったのは、議会であった。

2 学校問題の再燃

戦後の社会構造の変化と学校紛争

第二次世界大戦後、戦後のベビーブームによってベルギーでは労働者階級の子弟が急増していた。貧しい労働者階級の子弟は、学費の高いカトリック系私立学校へ通うことができず、自由党と社会党は学費無料の公立学校の拡充に努めるべきだと主張した。

カトリック勢力は、それが学校選択の自由を妨げることになると主張して、教育をめぐる対立は、CVP・PSCと自由党・社会党との対立を生み出した。学校問題が再燃したのである。

一九五四年に自由党と社会党による連立政権が成立した。この政権下では社会党のコリャールによる学校法（コリャール法）が成立した。これによって、カトリック系私立学校に対する国の予算配分が減らされ、中小カトリック系私立学校は経営が苦しくなった。

それに反発したカトリック勢力はブリュッセルでの二五万人規模のデモ、二二〇万人の署名を組織した。議会は解散し、一九五八年六月一日に総選挙が行われることになる。

学校協定の成立――エイスケンス政権

ここで戦後のベルギー政界をリードした政治家エイスケンスについて見てみよう。エイスケ

エイスケンス．左はコンゴのルムンバ首相

ンスは一九〇五年に軍人の父のもとに生まれた。彼が一〇歳のころにベルギーでは労働紛争が頻発しており、それを目の当たりにしてから労働問題へ強く関心をもった。ルーヴェン・カトリック大学に進学したエイスケンスは、キリスト教民主主義運動の青年グループで指導的役割を果たすようになる。他方で、彼はアメリカのコロンビア大学で学位を取得し、一九三一年からルーヴェン・カトリック大学で経済学の教授を務めていた。

彼は先述の国王の復位をめぐる問題で騒然としたときに首相になった。そして国王の帰還の是非を問う国民投票を実施したが、その結果死者を出すほどの暴動を招いてしまった。この経験は、彼を社会不安に敏感にさせていた。

一九五八年の選挙に、エイスケンス率いるカトリック政党は「キープラン」と呼ぶ公約を立てて臨んだ。「キープラン」は学校問題の解決、経済復興（一〇年間で国内総生産を四〇%引き上げる。そのためにワロンの石炭、鉄鋼業に大幅な投資を実行する）を約束した。この公約が功を奏し、カトリック政党は八議席を増やし第一党に返り咲いた。しかし過半数には足りなかった。過半数の議席を獲得した政党がない状況では、新政権の発足は簡単なことではなかった。エイスケンスは自らの政権形成に乗り出す。政治家どうしの下交渉が活発に行われた。

七月一日、エイスケンスは施政方針演説で、学校紛争に終止符を打つと宣言した。このエイスケンスの演説を、社会主義系の新聞『人民』は、「偉大な一日」という見出しで讃えた。議会全体が教育をめぐる争いを解決しなければならないと考えるようになったのだ。

エイスケンスは、政権成立後の七月二五日に、自宅にCVP・PSC、社会党、自由党三政党の代表を招き、非公開で話し合いの場を設けた。議会という公の場においては、代表者は意見を変えにくい。非公開であれば、交渉次第で意見を変えることもできるだろうと考えたのである。

その場でエイスケンスは、各家庭の事情にかかわりなく、つまり公・私立の区別なく、義務教育は等しく無料でなければならないこと、そして国家がその費用を負担すると提案した。参加者はこの案に賛同して解散した。

こうして「学校協定」が成立した。学校教育の主導権をめぐる争いは、対立していた双方の費用を国がすべて負担することで妥協した。水面下の交渉と、すべてを満足させる形で妥協に導く手法は、ベルギーにおいて戦後初めて「妥協の政治」「合意の政治」が機能した好例であった。そしてこれ以降、「合意の政治」がベルギーの政治スタイルとされるようになった。

3　ベルギーの外交

欧州統合

一九四五年六月、国連憲章が採択され、ベルギーは原加盟国に加わった。一九四九年には北大西洋条約機構（NATO）に加入し、西側に加わることとなる。これは、戦時中の中立政策を放棄することを意味した。さらにベルギーは欧州統合の中心的役割を果たしていく。かつてベルギーは大ベルギー構想にもとづいてルクセンブルクとの経済同盟を発足させた。戦後欧州においては、第二次世界大戦の反省と反共という新しい文脈のなかで、ヨーロッパの統合と安全保障の途が模索された。このなかで新しいベルギーの闘いが始まる。

この中心的役割を担ったのが社会党のポール・アンリ・スパークである。スパークは一八九九年ブリュッセル生まれ。一九三二年に弁護士から政界へ進出した。彼は、戦時中にファシズムに傾倒したド・マンと袂《たもと》を分かち、亡命政府に加わった。そして戦後の社会党の現実的な改革路線を牽引《けんいん》する。

スパークは、戦時に共産党が台頭したことが、ベルギーの内政が混乱した一つの要因だと考えていた。社会主義革命が起これば、再びベルギーを混乱の渦に巻き込むだろうと考え、共産主義者の台頭を嫌った。国際連合総会の初代議長に就いた彼は、第三回総会でソ連代表団に

「私たちはあなた方を恐れている」と呼びかけたことで知られている。冷戦のなかで、戦後復興を牽引したベルギーの政治家たちは、自由主義陣営に加わることを明らかにし始めたのである。

またスパークは欧州の「共同市場」の創設を進めた。一九四八年には、ベルギー、オランダ、ルクセンブルクそれぞれの頭文字をとった「ベネルクス」三国の関税同盟が発効した。実際には当時

スパーク

の各国の経済力に相違があったこと、またスパーク自身が当初「また仏独が争えば、三つの小国が固まったとしてもひとたまりもない［また戦場になる］」と考え、イギリスを加えた安全保障体制を想定したこともあって、三国の交渉は順調とはいえなかった。

しかし、特に工業生産で一歩先んじていたベルギーが、市場規模の拡大による利益を優先して、ベルギー・ルクセンブルク経済同盟にオランダを加え、共通の市場を作り出すことに合意できた。さらに、本部事務局をブリュッセルにおき、事務局長はオランダから、補佐をルクセンブルクから出すことで三国のバランスをとった。

一九五〇年五月にフランス外相ロベール・シューマン（一八八六〜一九六三）が、フランスと西ドイツの石炭と鉄鋼の生産を超国家的な機関のもとで管理し、この組織には他のヨーロッ

パ諸国も参加することができるというヨーロッパ統合構想を発表した。このシューマン・プランにもとづいて、より大きな、ヨーロッパ石炭鉄鋼共同体（ECSC）を設立する交渉がフランス、西ドイツ、イタリア、ベルギー、オランダ、ルクセンブルクの六ヵ国によって行われ、一九五一年四月にECSC設立条約が締結された。ECSC条約は各国の批准を経て翌五二年七月に発効した。

ここにおいてベルギーは、ベネルクスの他の二国とともに超国家機関の暴走に歯止めをかけようと、各国の閣僚からなる特別理事会の設置を要求して実現した。大国の意図だけで超国家機関の意思が決定されないようにという、小国ベルギーの闘いであった。

ECSCの闘いには勝利したものの、ベルギーの石炭業は生産性が低く、一九五八年には危機的な状況に陥った。かつては「黒いダイヤ」と呼ばれたベルギーの石炭であったが、政府はそのうえにあぐらをかき、それに戦争という不幸も重なり、生産性や品質向上のための技術開発には手つかずのままであった。共同管理市場の中で、ベルギーの石炭は徐々に売れなくなっていく。これがまもなく「連邦化」を促す要因になるとは、当時誰も気づかなかっただろう。

シューマン・プラン後、ヨーロッパでは欧州防衛共同体条約が一九五二年五月に調印された。しかし欧州防衛共同体条約は、国家主権を制限する可能性がある。ベルギーは賛成したが、一九五四年八月には、フランス議会が批准を拒否し、この条約は挫折する。

こうした欧州統合の挫折を乗り越えるため、スパークは尽力した。一九五五年六月、イタリアのメッシーナで開催することになっていたECSC外相会議を前に、オランダ外相ヨハン・ベイエンとともに、スパークは、経済全般の統合をめざすこと、および原子力分野で協力することを要求するベネルクス・メモランダムを発表した。

メッシーナ会議について、スパークは、多くの出席者が「［経済の全般的な統合について］懐疑的というよりむしろ無関心」であったと回想する。そのなかでスパークは各国の専門家による作業委員会を組織し、ファン・デア・グレーデン（ドイツ）、ピエール・ユリ（フランス）といったパートナーとともに精力的に働き、単なる「関税同盟」にとどまらない「共同市場」の形成へと欧州統合を方向づける「スパーク報告」を一九五六年五月に発表した。これによってスパークは「欧州統合の父」の一人と呼ばれるようになる。

このスパーク報告は、欧州経済共同体（EEC）と欧州原子力共同体（EURATOM）の設立条約案を示している。それにもとづき一九五七年三月に両共同体の設立条約（ローマ条約）が締結された。

「ヨーロッパの首都」ブリュッセル

スパークは、共同市場創設の過程で、ヨーロッパにおけるベルギーの地位を向上させることを重要な使命と考えた。そして、重要な会議を積極的にブリュッセルのバル・デュシェス城に誘致した。そのかいあって、ECSCが成立した一九五一年のパリ条約では、その本部機関がブリュッセルにおかれることは既定路線であった。しかし、ベルギー代表はリエージュに本部を設置してほしいと主張した。

リエージュは、二つの世界大戦でともにドイツから真っ先に狙われた大都市である。そこに新しい欧州の機関をおくことがこれからの平和の象徴になるだろうと考えたのだ。しかし、それを機にストラスブール、ルクセンブルク、トリノなどが対抗し、本部機関の場所は決まらなかった。

ベルギーは、他の国に超国家機関の本部機能が設置されることに激しく抵抗した。欧州共同体の設立を約した一九五七年のローマ条約では、本部の設置場所は最後までもめた。国際連盟で活躍し、ＥＣＳＣの構想・設立に尽力して「欧州統合の父」と呼ばれるフランスのジャン・モネ（一八八八～一九七九）は、『回想録』で、「しかし、第二の問題［本部の設置場所］についてはそう簡単には決着しなかった。というのも、わたしは共同体は全部一ヵ所で活動することと、その場所にはヨーロッパとしての法的身分を与えることを希望していたからである。一九五八年一月には、この問題が完全にこじれてしまった。ベルギーの代表などは、実行委員会を不満として、数ヵ月出席を拒否した。とにかく、新しい「機関［欧州委員会］」だけはブリュッセルに置くことにした」と記している。

ベルギーがリエージュからブリュッセルに設置場所候補地を戻したのは、ベルギーの国内事情——言語問題——のためであったと言われている。ブリュッセルはフランデレンに位置しながら、人口の八割はフランス語話者で占められていた。そのため「両語圏」と規定されてきたが、それに対するフランデレンの人々の不満が聞こえ始めていたのだ。「フランデレンの都市なのだから、オランダ語だけを公用語にせよ」という不満の声である。

しかしその問題を取り上げると、言語紛争が再燃してしまう可能性があった。ちょうど学校問題でもめていたときである。政府は、ここに欧州機関を設置することで、ブリュッセルが「両語圏」であることの意義をフランデレンの人々に納得させようとした。「ヨーロッパの首都」であれば、フランス語が通じるのは当然だという理屈である。

そしてスパークは、ストラスブールに議会を、ルクセンブルクに司法機関をおき、イタリアのデ・ガスペリ（一八八一～一九五四）に対して「ローマ」での条約を提案することで、ブリュッセルに新しい機関である欧州委員会の本部を引っ張り込むことに成功した。

欧州全体の各国の力関係をみれば、欧州委員会の本部機能がブリュッセルになったのは、大国利益の衝突を避けるべきという戦争の反省に負うところが大きい。大国、特にフランスが欧州機関を独占することには多くの抵抗があった。

さらにベルギーは、「ローマとゲルマン」の境界線に位置している。第二次世界大戦の反省に立つと、ここに新しい欧州の機関をおくことは、戦後平和の象徴として適切なことと考えられた。そして、他の機関の設置場所や条約締結の場所をフランスやルクセンブルク、イタリアに譲りながら、ブリュッセルで会議を開催してきたスパークの外交手腕も認めなければならない。小国ベルギーが平和裏に闘い、「ヨーロッパの首都」の座を獲得したのである。

植民地帝国と経済復興

ベルギーの大きな課題であるコンゴはどうなっていただろうか。第二次世界大戦とその後の冷戦のなかで、金属特需が起こり、銅などの鉱物資源の価格は高騰した。価格は一・六倍に値上がりし、銅の生産量は一四万四〇〇〇トンから二三万五〇〇〇トンに跳ね上がった。総輸出額は四倍になった。五〇年代のベルギーの国民総生産の一二％をコンゴが支えていた。ベルギーの戦後復興は順調だったが、それもまたコンゴの人々の犠牲に負っていたのだ。

一九五九年までにコンゴの七〇％の人々が初等教育を受け、社会保障や人権も少しずつ認められていくが、結社の自由はまだ認められず、言論、移動の自由も制限された。

ベルギーはコンゴを統治する際に現地の部族長を監視役に用いた。部族長はわずかな賃金で雇われ、税金の徴収などを行った。部族長が反抗すれば交代させた。当時、すでにフランス領やイギリス領では大規模な反植民地運動が生じていた。もちろんコンゴでもストライキや暴動は生じたが、コンゴ、そして第一次世界大戦後にドイツから譲り受けたルワンダを合わせた広大な領地において、現地の人々が結集することは難しかった。五〇年代半ばまでベルギーのコンゴ統治は安定し、ベルギーの通貨であるベルギー・フランは「ヨーロッパのドル」と呼ばれたほどだった。

エイスケンスは、ベルギーの植民地解放の遅れを、一九四九年から五〇年の間植民地大臣だったピエール・ウィグニィ（一九〇五～八六）の言葉を引用しながら説明している。「コンゴとベルギーの関係は、『祖国』感情で結ばれた一つの国なのだ」。そして「［ベルギーは］黒い肌をした人々を文明化しているのだ」と。結局、レオポルド二世の私有地だったころと、根本的な発想は変わっていなかったのだ。

植民地政策の破綻

しかし、ベルギー経済が発展し、同時に植民地に入植した企業が発展するにつれて、コンゴの都市化が進んだ。人々も都市に集まることで結束も容易になった。また、このころからコンゴの人々のなかにフランス語を学び、キリスト教を信仰する西洋化したエリートも登場した。彼らは「開化民」と呼ばれていた。

開化民は、ベルギーからすれば、農村部のコンゴ労働者と宗主国ベルギーをつなぐ役割を果たすと期待された。しかし、彼らはむしろ独立運動に傾倒していった。脱植民地化をめざすアバコという政党が結成されたのもこの時期である。

ベルギー国内でも植民地解放の声が固まっていった。一九五五年、ルーヴェン・カトリック大学教授のアントン・ヴァン・ビルセン（一九一三～九六）が『ベルギー領アフリカの政治的解放のための三〇年計画』を発表すると、アバコはそれを支持しつつ、「三〇年では遅い」と抵抗の狼煙《のろし》をあげた。一九五六年のことである。一九五八年には後の初代コンゴ首相となるパトリス・ルムンバ（一九二五～六一）が、ガーナのクワメ・エンクルマ（一九〇九～七二）と、アフリカ人民会議で接触した。

同年、ブリュッセルの万博では、「コンゴ・パビリオン」が設置され、初めてコンゴの人々がヨーロッパへの渡航を許される。そこでコンゴの人々はベルギーの人々の生活を見て衝撃を受ける。コンゴに住むベルギー人は、当たり前のようにコンゴの人々に給仕をやらせていた。しかしベルギー本国に来てみると、その役割をベルギー人自身が担っているではないか。白人の身の回りの世話をすることを、コンゴの人々がやらなくてもいいのだ。

このころからコンゴの人々による、解放を求める雑誌が多数刊行され、「反ベルギー」の声が高まっていった。やがてコンゴの官吏は本国に「爆発寸前」と警告を送ることになる。

アバコへの警察介入をきっかけとして、「爆発」は一九五九年一月六日に生じた。この暴動は数百名の死者を出したと言われる。一月一三日、焦ったボードゥアン一世は人種差別の撤廃や将来的な独立を約束する声明を発したが、その「将来的」という曖昧《あいまい》な言い方がコンゴの人々の怒りの火に油を注いだ。

このボードゥアン一世の声明の原案は、彼とその側近によって起草された。首相エイスケンスは発表の前にそれをチェックしたがほとんど修正せず、原案は議会で承認され、国王の声明として発表されたのだ。

しかし、この声明によってコンゴの暴動は加速した。ベルギー国内では、社会党が植民地解放の声を強くした。エイスケンスはこうした社会不安を忌み嫌う政治家だった。一九六〇年一月にベルギー側はエイスケンスなど数名、コンゴ側もルムンバらが集まって、円卓会議が社会党の主導で進められた。こうして六月三〇日にコンゴ共和国は独立する。

その後のコンゴ、そしてルワンダ

ベルギーは植民地を手放したが、その後も介入し続けた。それによってコンゴ動乱という悲惨きわまりない事件が生じることになった。

コンゴ共和国が独立した直後、なおベルギー軍はコンゴ共和国にとどまった。この状態に不満をもったコンゴの人々による暴力的事件が生じる。これに対して、ベルギーは入植者を守るという理由でベルギー軍一万人を送った。

そしてベルギーは、それに乗じて、カタンガ州の独立を目論んだ。地下資源の豊富なカタンガから得られる経済利益に固執し、親ベルギー的な政権をカタンガに樹立して、独立させようとしたのだ。ベルギー系の鉱山会社ユニオン＝ミニエールや駐留したベルギー軍が、カタンガの独立派チョンベを支援したと言われる。

コンゴ共和国のルムンバ首相はベルギーの侵犯を国連に提訴し、国連安全保障理事会は国連軍派遣を決議した。

ベルギー軍は撤退を約束するも、それを完全には実行せず、カタンガ州をカタンガ共和国として独立させる。一九六一年二月、それに抵抗するルムンバが殺害されると、ベルギーは世界中から非難され、エジプトとは国交断絶に陥った。

その後、アドーラ首相とギゼンガ副首相による新政権が樹立されたが、コンゴの混乱は続き、ベルギーに対する国際的批判は、当時のエイスケンス政権に対するベルギー国内の支持を急速に低下させることになった。この間、ベルギー人も含め、一〇万人もの人々が巻き込まれて死亡したとされる。

また、第一次世界大戦後にドイツから獲得したルワンダも大きな国際問題に発展した。ルワンダは元来フツ族が八割、ツチ族が二割の人口で構成されていた。ただし、もともと両民族に言語、宗教、居住地の差はなく、そこに「フツ」「ツチ」という「民族」のレッテルを貼《は》ったのはベルギーである。ベルギーは少数派であるツチ族を優秀な民族として、少数派ツチ族による統治体制を作り上げた。こうした統治体制に多数派フツ族の不満は募り、一九五九年にフツ族による社会革命が生じる。これによってルワンダは一九六二年にフツ族による独立を達成し、このとき排除されたツチ族は多くがウガンダへ亡命した。

後の話になるが、一九七三年にはフツ族のハビャリマナ（一九三九〜九四）大統領が就任し、一党独裁体制を作り上げていく。他方でツチ族は、ウガンダで「ルワンダ愛国戦線」を組織し、一九九〇年にルワンダに侵攻する。いわゆるルワンダ内戦である。多数の犠牲者が出たが、国際社会の協力もあって、九三年にアルーシャ和平合意が結ばれ、両民族の対立はようやく終結すると思われた。

しかし、フツ族の一部の強硬派と、この合意によって半分の兵を解雇することになる政府軍は停戦合意を阻止しようとした。また新しい体制を模索する話し合いのなかで、独裁的権力を行使していたハビャリマナ大統領が、権力を縮小されることに不満を募らせ、この停戦合意を「紙くず」と評し、一時は交渉のテーブルから席を立つこともあるなど、和平合意にいたる話し合い自体が十分になされたとはいえなかった。

一九九三年八月に協定が結ばれるが、翌九四年四月のハビャリマナ大統領暗殺を機に、人類史上稀に見る悲惨なジェノサイドが生じることになる。映画『ホテル・ルワンダ』などで知られるように、わずか三ヵ月の間に八〇万から一〇〇万人もの市民が犠牲になったと言われる。ナチス・ドイツによるホロコーストを上回るペースで人々が争い殺し合ったのである。

レオポルド二世の欲望から派生した植民地政策は、罪のない多くのアフリカの人々を死にいたらしめ、報復の連鎖を生み出した。ベルギーの植民地政策は、人類の歴史に、忘れてはならない刻印を残したのである。

【コラム】食文化――ムール貝・フリッツ・地ビール

ベルギーは、わが国では食文化の国として知られているかもしれない。まずは「ムール貝のワイン蒸し」。特に量を指定せずに注文すると、バケツのような容器で出てくる。また、生の貝を山のように盛りつけた「フル・ド・メール」は、絞ったレモンとケチャップで食べる。他にも、スカンピ（小エビ）、白身魚など海産物の料理が目に付くのがベルギー料理の特徴である。

そしてそこに添えられるのは「フリッツ」。フライドポテトである。ベルギー人の家庭にはポテトを揚げる専用の機器がある。二度揚げするのがコツらしい。このポテトフライを、マヨネーズで食べるのもベルギー風。だから、なかなか新政権が決まらなかった二〇一一年初頭、ベルギー統一を望む人たちが起こしたデモは「フリッツ・デモ」だった。デモ参加者は、みなフリッツを片手にデモ行進した。

他方で、フランデレンには独特の料理がある。牛肉のビール煮込みは代表的な料理。他に鴨《かも》などの鳥類以外に、ウサギ、カンガルー、ワニなどのジビエ料理をよく目にする。海産物にせよ、肉料理にせよ、またチコリやマッシュポテトのような野菜料理など、お店で食べると一皿がかなりの量である。

もう一つの有名なものは地ビールである。数多くの種類があることで知られている。修道院で作られていたアルコール度数の濃いビールは「トラピスト」タイプ。ベルギー人は濃いビールを、ムール貝とフリッツをつまみに、じっくりと楽しむ。

ただ、数多くの地ビールも、最近は大手の企業に経営統合されつつある。最大手インベブ・アンハイザー社（ベルギーのインベブとアメリカのアンハイザーが合併）は、ヒューガルテン、ステラ、シメイなど有名なビール・メーカーを次々と傘下におさめている。最近はアメリカのバドワイザー、メキシコのコロナビールも吸収合併した。二〇一二年には、アンハイザー社の労働者たちの大規模ストライキが発生した。

スウィーツに目を転じると、チョコレートが有名だろう。ただ、その代表とも言うべきゴディバはトルコの食品会社ウルケルに買収され、子会社になっている。もちろん工場はベルギーにあるが、グローバル化の影響と言えるだろう。

こうしたグローバル化の進展のなかで、近年ではベルギーらしさが失われていくようにも映る。

第5章　連邦国家への道——一九六〇〜九二年

1　言語紛争という巨大な問題

学校問題から財政再建へ

戦後復興を果たし、学校問題とコンゴ独立という長年の課題をひとまず解決したベルギーではあったが、一方でフランデレンとワロンの対立が社会を揺るがしていくことになる。

エイスケンスは、原則として学費を全額国の負担とすることで学校問題を解決した。次の課題は財政の再建だった。一九五〇年代のベルギー経済の成長率は平均二・九四％で、軒並み五・八％を超えている西欧諸国のなかではかなり低いほうだった。その原因はワロン経済を支えてきた石炭の世界的な需要低下、そしてそれにもかかわらず炭坑労働者の給与が西欧でもっとも高い水準で維持されていたことにあった。

加えて「学校協定」によって学費を国が負担し無償化することで、教育支出が増大することも明らかだった。エイスケンスは、海外からの投資を誘致し、さらに炭坑閉鎖と、失業手当と疾病手当の削減、地方公務員手当の削減などによる緊縮財政政策をもって対応しようとした。

海外企業の誘致は、この国が誇る歴史的港湾都市、アントワープなどのフランデレン諸都市を中心に進められた。他方で、先の「キープラン」ではワロンへの大幅な設備投資を約束していたにもかかわらず、採算が合わなくなったワロンの炭坑や鉄鋼業に厳しい緊縮財政政策を課そうとした。エイスケンスから見れば、採算のとれないワロンの炭坑業に投資をすることは馬鹿げた政策であった。

エイスケンスは後に『回想録』で、ワロン経済の停滞の原因を「この地に起業家精神はほとんど残っていない。（略）危険を冒そうともしない精神、国家の支援に過度に依存する精神。［ワロンは］私企業よりも政府や組合、社会主義の団体による雇用を望んでいる」と批判している。

一方でフランデレンへ積極的に投資をして、他方でワロンに厳しい条件をつきつける政策によって、フランデレンとワロンの経済的地位が逆転していくことになる。実際に、一九六六年の国民総生産の試算で、フランデレンの経済はワロンを完全に凌駕《りょうが》している。

一九六〇年五月三一日、エイスケンス政権は、フランデレンへの海外投資の誘致、ワロンの緊縮財政政策を核とする「経済的拡張、社会的進歩、財政改革のための一括法案」、いわゆる「一括法」を議会に提出することを発表した。

一括法反対ストライキからワロン運動へ

「一括法」法案の提出を機に、諸手当の削減対象となる公務員の組合やワロンの炭坑労働者の労働組合は反対運動を組織し始めた。しかし、それらを統括する社会主義系労働組合の幹部は慎重だった。彼らは暴力的な抵抗を嫌い、一九六〇年一二月に正式にストライキを否決した。

このとき否決票を投じた多くの組合員がフランデレンの組合員であった。

フランデレンの組合の非協力的な態度に対して、ワロンの組合リーダー、アンドレ・ルナール（一九一一〜六二）は怒り、ワロンの組合だけでストライキを決行した。法案が議会で審議されると同時に、ワロンのリエージュ、シャルルロワで、エイスケンスの退陣を要求するスト、暴動が発生した。これが「一括法反対ストライキ」である。一九六〇年一二月から翌一九六一年一月にかけて約五週間、この暴動は続いた。

ルナールはワロン各都市の店舗やガソリン・スタンドに店を閉めるよう指示した。駅が襲われ、封鎖された。バスやトラム（路面電車）が燃やされた。ルナールに従わないものは拷問され病院に送られた。ストライキ全体で数百名が負傷し、四名の死者、一五〇〇名が逮捕された。ベルギーの歴史において、「最悪の労使闘争」と呼ばれる。

しかし、ワロンだけでは勝ち目はなかった。カトリック教会からもストライキに対する批判が起こり、エイスケンス政権は警察を動員した。

それに対してフランデレンではほとんど暴動は生じていなかった。新聞は、まるで二つの別の国のようだと当時の情景を書いた。情勢が不利になるにつれて、ルナールは徐々に態度を変えていく。ルナールは「一括法は国の一地方［フランデレン］から他の地方［ワロン］に押しつけられたにすぎない！」「われわれはフランデレンにこれ以上屈していたくはない」と発言した。

その後ストライキは鎮圧されたが、ルナールは「ワロン人民運動」という圧力団体を結成する。「ワロン人民運動」は「ワロン人とワロンの利益を何よりも重視するすべての人々に開かれた」ワロン主義を掲げる団体であった。ルナールのなかの対立図式は「資本家対労働者」から「フランデレン対ワロン」へと移行していったのである。「階級闘争」が「言語紛争」に変質していったのだ。

ボードゥアン一世の結婚とエイスケンスの辞職

この暴動のさなか、一二月二九日にボードゥアン一世がスペイン出身のファビオラと結婚した。彼が結婚に踏み切ったのは、弟のアルベール王子（後の国王）が前年に結婚したことに感化されたからだと言われている。

この結婚は、即位後のボードゥアン一世と親密だった継母リリアンとの訣別《けつべつ》を意味した。ボードゥアン一世の結婚は、リリアンにとって居場所がなくなってしまうことに思われたのだろう。ファビオラもリリアンを一目見て「嫌いな人だ」と感じたという。ファビオラの到着を、リリアンは出

ボードゥアン１世とファビオラ

迎えなかった。ボードゥアン一世は、この仕打ちに怒りを露わにした。それ以来、リリアンとボードゥアン一世が、公式行事以外の場所で顔を合わせることはなかった。

リリアンとの訣別とファビオラとの結婚は、ボードゥアン一世が王位継承直後のスキャンダルから解放されたことを意味した。結婚の式典がひと段落してから、ようやくボードゥアン一世はしばしば政治に口をはさむようになったのである。

ストライキのなかで、ボードゥアン一世はエイスケンスに辞職を要求した。しかし、エイスケンスは「暴力に屈してはならない」とそれを拒否した。そして「議会で選ばれた自分を辞めさせることができるのは議会だけだ」と主張した。

エイスケンスの強硬な態度に応じて、国王は主要政党のリーダーたちを秘密裏に王宮に招集した。社会党のスパークは一括法とエイスケンスを批判した。話し合いの結果、リーダーたちはエイスケンスの辞職と総選挙の実施との引き換えに一括法を成立させ、同時にルナールを懐柔することを約束した。

エイスケンスは学校紛争を終結させた名宰相であった。そして、彼は緊縮財政政策「一括法」成立を強行し、ベルギーの財政を改善しようとした。しかし、その一括法に反対するストライキ、その後のワロン運動、さらにはコンゴをめぐる混乱によって、エイスケンスを支持する者は誰もいなくなってしまった。彼は党の内外から批判され辞職する。そして、一九六一年三月に総選挙が実施されることになった。

言語問題とボードゥアン一世

選挙の結果、成立したのは、カトリック政党のテオ・ルフェーブル（一九一四〜七三）と社会党のスパークによる連立政権だった。新首相ルフェーブルは弁護士を前職とする。エイスケンスと対立する派閥のリーダーだった。

戦後、ベルギーは復興や財政政策を優先してきた。フランデレンの経済は順調に成長し、「黄金の六〇年代」がベルギーに訪れることになる。しかし、それをもたらした一括法を通じて、再びベルギーは言語問題（ワロン運動）に直面することになった。ライバルであるエイスケンスの失脚によって首相となったルフェーブルは、緊縮政策の実施をいったん取りやめ、支出を増やすことで治安を回復しようとした。同時に、複雑な言語問題の解決に積極的に取り組んだ。

ルフェーブル政権は、積年の課題である言語問題に取り組む姿勢を通じて、古代ローマ以来、攻撃の象徴とされた動物、雄羊になぞらえ、「雄羊政権」とも呼ばれた。日本で言えば「猪《いのしし》」にあたる。しかしこれを通じて言語問題が議論されることになり、フランデレンとワロンの対立が激しさを増していくことになる。

言語問題がベルギー政治を揺るがすようになると、徐々にボードゥアン一世は国政に影響を及ぼすようになり、やがて率先してベルギーの連邦化を――ベルギーという国を守るために

――推進していくようになる。

一九六三年言語法――言語境界線の確定

一九三二年に地域言語制が導入された際、ベルギーの言語境界線は、定期的な国勢調査と使用言語調査にもとづいて改訂されることになっていた。各市町村で多数を占める言語が、その地域の公用語となる。その結果、言語境界線が引き直されるはずだった。

しかし、第二次世界大戦後、都市化が進み、特に大都市ブリュッセルの郊外にも人口が増えていった。境界線周辺の言語の分布は流動的だった。当初一九六〇年に使用言語調査が行われる予定になっていたが、調査を実施すれば、従来オランダ語圏であった周辺部は、フランス語話者が多く移住してきたため、フランス語圏に変えられるかもしれない。フランデレンでは調査実施に対する反対意見が強くなって、予定されていた言語調査が廃止された。その決定は、逆にフランス語住民の怒りをかった。それ以降、「混乱を招かないように言語境界線を確定すべきだ」という声が高まっていた。

一九六一年一一月に言語境界線の確定に関して法案作成が開始された。当初政府が念頭においていたのは、戦後のワロン国独立問題のとき設立されたアルメル委員会の報告書にもとづくものであった。本案は、住民が実際に使用している言語にしたがって、言語境界線を確定しようとするものだった。

しかし当時の内相、キリスト教社会党（CVP・PSC）のアーテル・ジルソンは、住民の多くがフランス語を多く話すフーロン地区を、リエージュ州（フランス語圏）からリンブルフ州（オランダ語圏）へ変更する案を提出した。アルメル委員会の報告と矛盾する案であった。アルメルは、後のインタビューで「リエージュの社会主義者は、多くの住民がキリスト教政党を支持するこの村を手放し、地方議会の絶対多数を確保しようと望んだのです」と答えている。つまり、党派的利益のためにフーロンは矛盾した線引きの対象とされた。

ジルソン自身は、アルメル委員会の最終報告案にしたがえば、ベルギーという国がオランダ語の地域とフランス語の地域とに二つに分かれてしまう、と危惧していた。そうなると、近い将来、ベルギーが本当に分裂してしまうことを懸念したのである。そのため、あえて矛盾した線引きを推したのだ。

しかし、帰属変更の対象となったフーロンでは、いきなりオランダ語圏にされることに対して、フランス語住民が猛反対し、デモなどが生じ、議会も混乱して法案は可決されなかった。

ここでボードゥアン一世が登場する。一九六一年のクリスマス・イヴに、彼は今の状況がきわめて危険であること、それゆえ「国民の一致団結」が必要なことを演説で訴えた。そして「私たちの共通の遺産を危険にさらす、性急な結論を求めるせっかちな方法をやめるべきだ」と述べて、議会のやり方を批判した。

彼はジルソン法を批判したわけではない。むしろジルソンとは事前に何度も話し合っていた。

ただボードゥアン一世から見れば、前のめりの手続きが問題だった。そのせいで「国民の一致団結」が危険にさらされていることを心配したのである。

ボードゥアン一世の演説によって事態はいったん収拾し、「性急な結論」を求めない方向が模索されることになった。特別委員会を設立し、今後その委員会でフーロンの地位を引き続き検討することになったのだ。こうした条件付きでジルソンの案が可決された。国王はジルソンを讃えて、彼の彫像を王宮庭園に建造したいと申し出た。

一九六三年言語法――ブリュッセル首都圏の確定

同時に、ルフェーブルは両語圏であるブリュッセル首都圏の区域を再確定させようと試みた。住民の八割がフランス語を話すブリュッセルは、一九三二年の言語法で例外的に両語圏と位置づけられていたが、この例外的措置に対して、フランデレンの人々は不満を抱えていた。

ブリュッセルはフランデレンに位置する都市である。フランデレン側はオランダ語のみを公用語とせよと主張していた。ブリュッセルはフランデレンのものであることを示すために、一九六一年から一九六三年にかけて二度にわたり、フランデレンの活動家たちは、「ブリュッセルへ進め！」と声をあげながら大規模なデモを行っていた。

だが、実際には、ブリュッセルの住民の大多数がフランス語を使用している。フランス語話者から見れば、ブリュッセルは現実には「フランス語圏」であるべきだった。彼らからすれば

「両語圏」とすることでさえ大変な譲歩だった。そしてオランダ語こそいらないと主張した。

さらにやっかいだったのはブリュッセルの周辺域である。都市化が進んで地価の安い郊外に人々が移住するようになり、オランダ語圏であるはずの周辺域にもフランス語住民が増えていた。移住したフランス語住民たちは、オランダ語圏であっても行政や教育でフランス語を使用できる権利（言語の自由）があることを訴えた。

こうして、両語圏の範囲を再確定しようとして、ルフェーブルは、現状のブリュッセル首都圏に加えて、フランス語住民が増えた周辺域（オランダ語圏）の六地区を、新たに「両語圏」にしようとする法案を提出した。しかし、両語圏を拡大しようとする案は、フランデレン側からすれば「フランス語圏の拡大」だった。お互いが譲らず、双方のデモが頻発した。

この事態を前にして、ボードゥアン一世が再び登場する。一九六三年のクリスマス・イヴに、彼は「フランデレンの人々」と「ワロンの人々」に向けて「王国に対する忠誠」と「フランデレン、ワロンが互いに敬意をもつこと」が大切であると切に訴えた。「二つの地域の協力は、国王に対する忠誠を意味し、敬意に値する」と繰り返した。そして〈フランデレンとワロンは、国民の生活のさまざまな部門にわたって自治と分権を拡大しようとする不平不満を食い止めるために、ともに豊かに想像力を働かせて、勇気と願望を示すべきだ〉と訴えた。

なお、このボードゥアン一世のクリスマス・メッセージにある〈　〉で引用した部分は、カトリック党内での話し合いのなかで出てきた文言である。ボードゥアン一世は、あくまで政治家たちの意見にもとづいてメッセージを送る国王であったのだ。

このメッセージをうけて、政府は、周辺域は従来どおりフランデレン（オランダ語）に属するが、フランス語住民の利益を尊重するため「暫定的に」行政および教育でのフランス語使用を認め、これを三年間試験的に行い、後に再検討するという妥協案を提出した。この「暫定的に」多言語の使用を認める政策を一般に「便宜措置」と呼ぶ。

ルフェーブルはこの法案が可決できなければ、内閣は総辞職をすると宣言した。ルフェーブルは、ボードゥアン一世に承認を求める。しかし国王の返事は「政権交代はしない。総選挙も望まない。したがって内閣総辞職以外の妥協的解決を見いだすべし」というものであった。ボードゥアン一世からすれば、これ以上の混乱は避けなければならなかった。

この回答を得て、ルフェーブルの提案により、各党代表がバル・デュシェス城に集まり、学校問題のときと同様に、非公開で会合を行うことになった。自由党は、フランス語を学んできたエリート層を支持者としており、フランス語話者の側に立った。しかし、社会党は両言語が同等の地位でなければならないと主張し、カトリック政党は、いずれにせよ言語マイノリティが保護されなければならないと主張した。

話し合いは一筋縄ではいかなかったが、最終的に、一九六三年には、周辺域（ハッレ＝ヴィルヴォールデ地区）は原則フランデレンの管轄下におかれ、司法・行政・立法・教育サービスは原則オランダ語を使用することになった。ただしマイノリティ保護のために、フランス語話者に対する行政・教育について、先の「便宜措置」が認められた。これが「バル・デュシェスの妥協」と呼ばれる。こうして一九三二年以来の「言語法」が改正された。

一九六五年選挙

これらの言語法をめぐる議論を通じて、「フランデレン」や「ワロン」という意識がベルギーの人々のなかでより高まってきた。同一の政党の中でさえ、フランデレン・グループとワロン・グループとに分かれて対立し、それぞれの共同体を正式な国家の構成要素として認めるべきだという声や、フランデレンやワロンに自治を認める連邦制を導入しようという声が急速に広まってきた。

例えば、古くからワロンに根を張っている社会主義者たちは、一括法の混乱以来、フランデレンの干渉を阻止し、国家からの補助金を得て独自の経済政策を実行できるように、連邦制の導入を主張した。他方でフランデレンの側でも連邦制を求める声は高まっていた。カトリック政党にも連邦制を謳う勢力が台頭しつつあった。その代表が後の首相、ウィルフリート・マルテンス（一九三六～二〇一三）であった。マルテンスは若いころフランデレンの自治獲得をめざしていたが、後に穏健になり、「フランデレンがベルギーを支配するのではない。そうなれば国家は崩壊するだろう。国家の分裂を避けるために連邦制を導入しよう」と主張していた。

六〇年代を通じて連邦制導入の声が強くなっていった。そのためには憲法改正が求められることになる。

クリスマス休暇が明けた一九六五年一月には、カトリック、自由、社会三党の代表者からなる憲法改正の準備委員会が設立されることになった。この委員会では、「統一を守るためにも、フランデレンとワロンという共同体の存在は認めなくてはならない」という結論にいたり、憲法改正の是非を問う選挙が行われることになった。ルフェーブルは、これで「今やわれわれは自身の目によって、自身の将来を見据えることが可能になった」と述べ、二月一七日に議会を解散し、憲法を改正するかどうかを問う選挙が行われることになった。

ただ、どうにか選挙までこぎ着けたものの、エイスケンス、ルフェーブルと二代続いたカトリック政権のもとでベルギーは迷走した。その影響で、一九六五年五月に行われた選挙では、カトリック政党は大幅に議席を失った。逆にベルギーの統一の維持を主張して選挙戦に臨んだ自由党と、それぞれの言語の利益の拡大・擁護を主張する言語主義政党が躍進した。戦後復興を支えてきたカトリック政党が言語問題によって信頼を失ったことは明らかだった。こうした状況のなかで、ルーヴェン・カトリック大学が言語紛争に巻き込まれ、大規模な政治的混乱が生じることになる。

2 ルーヴェン・カトリック大学紛争

連邦化に戸惑う政治家たち

一九六五年の選挙では、カトリック政党と社会党の得票率は六〇％強に低下し、合わせて二〇議席を失うことになった。選挙後、フランス語系カトリック政党の政治家、アルメルが組閣担当者として指名された。アルメルは、改憲に必要な三分の二以上の信任を確保するため、カトリック政党、社会党、自由党による三党連合政権を組織しようとした。

しかし自由党はベルギーの統一を主張して選挙で成功したこともあり、憲法改正を目論む政権には加わらなかった。カトリック政党と社会党だけでは、憲法改正に必要な議席数には足りない。フランデレンとワロンを国家の構成要素として認め、それぞれに権限を委譲していく憲法改正を、アルメルは断念せざるをえなかった。

実は、アルメルだけではなく、エイスケンスなどの有力政治家、そしてボードゥアン一世も、連邦化を進めることにはまだ懐疑的であった。それが国家分裂の第一歩を踏み出すことになりはしないかと懸念したのだ。当時の有力者は、迷いのなかにあった。

改憲が不可能となったアルメルは、当時の財政難を克服することを目的にして政権を成立させたが、そのための緊縮財政政策は一括法と同様の混乱を招くことになった。ズワルトベルフ炭坑の流血ストライキ、保険料引き上げ、診療報酬の削減による医者のストライキに直面して、アルメルは「もうたくさんだ」と述べ、わずか六ヵ月で辞職する。

ファンデン・ブイナンツの登場

アルメルの辞職によって、カトリック政党は次の首相を選定する。支持が低下するなかで、選挙は避けたかったのだ。しかし、エイスケンスなど戦後のベルギーを牽引してきたエリートたちは、これまでのベルギー政界の混乱のなかで失脚しており、誰を立てるのかが課題だった。若手待望論が党の内外で持ち上がるなかで、名が挙がってきたのは、パウル・ファンデン・ブイナンツ（一九一九～二〇〇一）である。

ファンデン・ブイナンツは、エイスケンスやルフェーブルのようなルーヴェン・カトリック大学卒の大学教授や弁護士を前職とするエリートではなかった。精肉業者の子として生まれ、成績も決して良くなく大学への進学を断念して、食肉の専門技術学校を出て父親の事業を手伝った。

ファンデン・ブイナンツは中小企業経営者団体の代表であり、学歴もなく、従来のエリートとは何もかも異なっていた。それが当時のベルギーにおいて人気者となったのだ。カトリック政党はファンデン・ブイナンツを「偉大な広告塔」と評価し、彼は新人にもかかわらず、九番目の比例順位で出馬し、当選することとなった。

当選後、ファンデン・ブイナンツは、精力的に規制緩和策を立案し、ブリュッセル万博の委員を務めた。その後、中小産業省の創設にともない、大臣として登用される。さらにルフェーブル政権の成立にともない、彼は党首に指名された。当時の新聞は、この人事を「適当な人材はほとんど残っていなかった」と論じた。

アルメルの辞職後、カトリックは組閣を試みたが、有力者はすべて辞退した。そのため党首であるファンデン・ブイナンツが、国王から直接に組閣担当の命を受け、財政再建を公約として、自由党との連立政権を成立させた。彼は、当時、個人ではブリュッセルの最多得票記録を更新した人気政治家であり、また戦後ベルギーにおいてもっとも市民に支持された政権の首班であった。しかし、戦後ベルギーの命運を決定づけるルーヴェン・カトリック大学紛争は、すぐそこに迫ってきていた。

ルーヴェン・カトリック大学と言語紛争

ルーヴェン・カトリック大学は、ブリュッセル近郊のルーヴェンに位置し、一四二五年に設立された、ベルギーでもっとも古い歴史を有する総合大学である。第一次世界大戦時、ドイツによるルーヴェン空襲が、ベルギーにおける愛国感情を高揚させたこともあった。ルーヴェン・カトリック大学は「ベルギー人の知的生活の至宝」であった。

一九六三年以降成立した一連の言語法は、ルーヴェンがオランダ語圏であることを確認した。しかしルーヴェン・カトリック大学では、その後もフランス語によって表記される学内書類が存続し、フランス語を話す教授たちの子弟が通うためのフランス語の小学校も存続していた。ルーヴェンは、フランデレン側から見れば、ブリュッセルとともにフランス語が残存する「油のシミ」であった。言語法以降も変わらぬ状況に対して、ルーヴェン・カトリック大学のオランダ語系教授、学生、職員は「ワロンよ、出ていけ」と叫びながらデモ行進し、大学の回答を待った。

しかし、一九六六年五月一三日、大学当局（カトリック司教）の回答は、大学の言語による分割などありえないというものだった。

失望した学生たちは労働者や市民を巻き込んで再びストライキやデモを開始した。学生たちは単に「ワロン」対「フランデレン」でとどまらず、「政府」や「カトリック」の「統一主義」を批判していくようになった。

ファンデン・ブイナンツ首相は「政府は司教決定を支持する。司教は大学の意思決定者である」との声明を発表し、大学の自治を理由にこの問題を静観した。こうした政府の態度はフランデレンの怒りの火に油を注ぐことになる。一九六七年一一月にはフランデレンのカトリック議員も参加し、三万人規模のデモがアントワープを中心に生じた。

大学理事会は慌てて協議を再開した。理事会は一九六八年一月一五日に「フランス語部門をルーヴェンに維持したうえで」大学の改革を検討するとの声明を発表した。つまり大学の一体性が前提にされた。長い協議にもかかわらず、大学理事会の意見に変化はなかった。

オランダ語部門の学生、教授は翌一六日に再びストライキ、デモに突入した。一日にして三二五人もの学生が逮捕された。そしてルーヴェン・カトリック大学の教授会、司教は、カトリ

旧政党名	イデオロギー	新政党名	地域
CVP・PSC	キリスト教民主主義	CVP（キリスト教人民党）	フランデレン
		PSC（キリスト教社会党）	ワロン
社会党	社会民主主義	SP（社会党）	フランデレン
		PS（社会党）	ワロン
自由党	自由主義	PVV（自由進歩党）	フランデレン
		PRL（自由改革党）	ワロン

ベルギーの政党分裂

ック政党にこの問題の解決を要求するようになった。

しかし、なおもファンデン・ブイナンツは秩序回復を訴えるのみであった。この問題に取り組むことを拒絶し続ける政府に失望した運動側は、政党、議員に対して圧力をかけ始めた。

多くの議員がルーヴェン・カトリック大学の出身であるカトリック政党内で、大学分割の是非が話し合われた。議論が続いたが、党の分裂は不可避の状況になっていった。

党が言語の相違で対立するなか、ファンデン・ブイナンツは司教（大学理事会）に「妥協案を至急再検討せよ」と解決を指示した。そして自身は「疲れた」と言い残して、休暇をとり、カナリア諸島へと出かけてしまったのである。これに怒った閣僚が辞任し、休暇から帰国したファンデン・ブイナンツも、議会で自らの辞任を表明した。

この人気政治家が退場した後、議会は二月二一日に解散を宣言した。カトリック政党のワロン・グループは「フランデレンのカトリック政党とは別の組織として選挙を闘う」ことを宣言した。党が言語によって分裂したのである。

ファンデン・ブイナンツ政権が辞職した後の一九六八年の選挙では、自由党は「ベルギー統一維持」を主張したにもかかわらず敗退し、その後自由党も二つの地域政党に分裂した。社会党もフランデレンとワロンで別に選挙を闘おうとするグループの動きが活発になっていった。結局社会党も一九七八年に二つの地域政党に分裂した。ベルギーでは全国規模の政党が消滅した。

ルーヴェン・カトリック大学紛争は、ベルギーとは何か、ベルギー人とは誰か、という問いを政治家たちに突きつけた。同時に、連邦化の道を採るべきかどうか迷っていた政治家たちに、その方策が必要であることを渋々決断させることになった。

なお、ファンデン・ブイナンツは、一九七八年に半年間、(暫定的に)もう一度首相を務めるが、その後一九八五年に政治汚職で有罪とされた。裁判所は彼を「救いがたいペテン師」と呼んだが、彼は「私は国家以外に誰もだましていない」と堂々と抗弁した。学歴のないエリートとして登場し、疲れれば公職も休む。その身勝手な姿は批判もされたが、一方で自由な振舞いゆえに、二〇〇一年に亡くなるまで、彼は市民から愛され続けた政治家だった。

3　何のための連邦国家か

一九七〇年憲法改正

ルーヴェン・カトリック大学紛争で混乱したなかでの一九六八年の選挙では、カトリック政党、社会党、自由党は、合わせて九万票もの票と一四議席を失った。代わりにフランデレン主義政党「人民同盟」が二〇議席（プラス八議席）、ワロン主義を掲げる新政党などが一二議席を獲得した。数多くの政党が交渉に加わることになって、選挙後の新政権を作る交渉は難航した。連邦化を求める勢力、ベルギー統一の維持に固執する勢力……。さまざまな勢力が自分たちの意見を主張し合った。

カトリック政党に属し、後に首相となるレオ・ティンデマンス（一九二二〜）は、「当時台頭してきた新しい世代は、国が分裂すると一体どういうことになるか、その絵が描けていなかった。選択肢があまりに多く、対立しており、正面向いて話し合おうとする意見はなかった。未来に向けた議論など不可能だった」と当時の様子を回想する。

この状況を見てボードゥアン一世は、「ルーヴェン［・カトリック］大学問題に、より懐柔的、妥協的解決ができる人物を」と望んで、エイスケンスを首相に指名した。一括法で失脚した痛い経験をもつエイスケンスは当初その打診を断ったが、ボードゥアン一世は粘り強く説得し、受諾させた。エイスケンスが引き受けたのは、ボードゥアン一世の「個人的な熱意」のためであった。ボードゥアンの考えていたことはただ一つ、「この混乱を収める」ことであった。結局、エイスケンスによる両カトリック政党と社会党の連立政権が成立するまでに、総選挙後七九日の日数を要した。

エイスケンスを中心に旧世代の政治家を中心とした組閣が進み、地域間対立を「迅速かつ完全に解決する」ことを公約にしてエイスケンス政権が成立した。エイスケンスはルーヴェン・カトリック大学を分割し、フランス語のルーヴェン大学（ルーヴァン・ラ・ヌーヴ）を設立することを決定した。

次の問題は国家改革である。このころエイスケンスは、ボードゥアン一世に膨大なメモを送っている。その骨子は、第一に「ベルギー国民の大半は、まだ統一国家ベルギーに魅力を感じている」こと、第二に「知識人と過激派による急進的なグループの熱い思いによって、国民の「統一を望む」感情が一掃されてしまう危険性が高まっている」ことへの危惧であった。エイスケンスもまた、ベルギーの統一を守ることを前提に、この混乱を解決することを最優先の課題だと考えていたのだ。しかし、一九六八年の言語主義政党の躍進は、フランデレンとワロンの存在を認め、分権化していくこと以外に解決はないことを意味した。

一九七〇年三月、エイスケンスは「統一国家を法的に維持することは、さまざまなできごとによって無理となった。改革のときがきた」と宣言して、憲法改正に臨んだ。敬虔《けいけん》なカトリック信者であったボードゥアン一世も、当初は戸惑っていたものの、カトリック系の大学であるルーヴェン・カトリック大学の分割が実施されることになって「新しい国家を設計すること」を決意した。

一九七〇年の改正憲法は「ベルギー国はフランス語区、オランダ語区、ブリュッセル・首都二言語区およびドイツ語区の四言語区から成る。王国内の各市町村は、そのいずれかの語区に属する」とし、領域的な区分を明確に規定した。また、「ベルギー国は、フランス、オランダ、およびドイツ三つの文化共同体から成る。各共同体は、憲法または憲法にもとづいて制定される法律によって認められる権限を有する」ともした。

このようにベルギーは三つの言語領域と、三つの文化共同体によって構成されることになった。各文化共同体には、教育や文化、言語に関係する政策の自治が認められ、予算も与えられることになった。

さらにエイスケンスは言語マイノリティの保護が大切だと考えた。改正憲法において「内閣は、同数のフランス語を語る大臣と、オランダ語を語る大臣から成る」と規定し、国政の場における両言語の平等化が進められた。また少数派であるフランス語話者のために「アラーム・ベル」を認めた。「アラーム・ベル」とは、言語にかかわる重要な法の成立、改正に対して、どちらかの言語グループが一方的に不利益を被ることが見込まれる場合、少数派はそれに「警告」を発することができる措置のことである。これが発動されれば、法案提出者は三〇日以内に、その法案を再検討し、動議の説明をしなければならなくなった。

しかし、一九七〇年の憲法改正は、その時点で連邦制導入を視野に入れたものではなかった。特に第二次世界大戦後から問題となってきた経済政策の自治付与については「将来の課題」とされた。この点を中心に見れば、この憲法改正は、荒れ狂う言語紛争に対して、とりあえず

「言語共同体」を認めることで、国の分裂を食い止めようとしたものと言える。

すでに身を引いていたレオポルド三世は、エイスケンスに「これで一層分権化が進むことにならないか」と書簡で問うた。エイスケンスは「アメリカやドイツに比べれば、国家の権力はまだ強いのです。この改革は連邦主義者を寝かしつけるにすぎないのです」と返答した。エイスケンスは、ルーヴェン・カトリック大学紛争で荒れたベルギーの統一をどうにか守ろうとしたのであった。

連邦化を進める国王

一九七〇年の改正は、あくまで「言語領域」と「言語共同体」の存在を認めたにすぎなかった。さらにブリュッセルの位置づけが曖昧なままであった。二言語圏とされたが、結局のところブリュッセルはフランデレン（オランダ語共同体）の管轄に属するのか、それともワロン（フランス語共同体）なのか。この問題をめぐって一九七一年の総選挙では、ブリュッセルのフランス語住民の権利を守ろうとする地域主義政党が台頭した。

ボードゥアン一世は、この状況に、数的に優位に立つフランデレンに対して「数的に優位であることは、今はいったん忘れるべきです。自分たちが強いときにこそ互いを尊重し、民主主義にもとづいて考えてください。（略）この改革を進める方々は、自分たちが望んでいないところまで行きすぎないように考慮してください」と一九七一年一二月二一日のクリスマス・スピーチで演説した。

しかしボードゥアン一世は、翌一九七二年のクリスマスには、「地域間対立の問題に対して、できる限り早く、永続的解決を」と呼びかけた。さらに一九七三年のクリスマスには「経済不況と財政難を克服するためには地域間対立を解決しなければならない」とスピーチしている。その数日前には、当時副首相だったティンデマンスに「次の改革は別にかまわない」が、「国民の統合を壊してしまわないように」と記したメモを送っている。このころになるとボードゥアン一世は連邦制を良しとして、ベルギーの統一だけは守ろうとするようになった。そして統一を守るために率先して「次の改革」を求めるようになった。

ボードゥアン一世は、実のところ、できる限り静かにベルギーの動向を見守ろうとしてきた。しかし、六〇年代のベルギーの言語紛争を目の当たりにして、政治家に対して不信感を抱くようになっていたのだ。この国を守るのも、壊すのも自分次第だ。この国を守るための分権化はやむをえないと考えて、率先して連邦化改革を求めるようになったのである。もしかしたら、この時期、もっとも積極的に分権化と連邦化を進めたのは彼だったのかもしれない。

ただし、過去にベルギーは、国王が政治を主導することで痛い目を見てきた歴史がある。そのために、このころのボードゥアン一世のやり方は少し特殊だった。彼は特定の側近と親しくなることなく、誰とでも自由に意見を交換した。公の場ではフランデレン、ワロンどちらにも肩入れせず、中立を堅持した。自分から問いを投げかけ、後は政治家に考えさせる。それが彼の、そして言語紛争で混迷する時期のベルギーという立憲君主国の君主の姿だった。

一九七四年の地方選挙において、ブリュッセルのフランス語住民の権利を守るために、ブリュッセルをフランデレンから切り離そうとする勢力が首都圏の市町村で多数派を占めた。これが次の憲法改正への動きを加速させた。この問題を解決するため、もうブリュッセルはフランデレンの一部でも、ワロンの一部でもない、独自の決定権をもつ、フランデレンとワロンと同等の第三の連邦構成体として認められるべきだった。

この選挙後、連邦主義者が運動を始めた。首相となったティンデマンスは、これ以上の混乱を防ぐために、ブリュッセルを第三の二言語自治体として認める憲法改正を進めようとした。

ティンデマンス対マルテンス

一九七六年三月三一日に、ボードゥアン一世は「異なる構成体［フランデレンとワロン］を結びつけるためには、お互いの相違を受け入れることが前提だ」と述べた。このころになると、ボードゥアン一世のなかでは、ベルギーが異なる構成体からなる国家であることはもう自明だった。目を背けることなどできはしない。そして一九八八年の改正のときまで一貫して「国民の皆様が、ともに協調し合うために、地域からなる国家こそ、強い中央の権威を必要とすることを理解しなければならないでしょう。それによって（略）共通の利益が促進されるはずです。このことは、皆様が法に従う必要があることを意味します。連邦は分裂ではありません。むしろ統一なのです」と演説した。

ボードゥアン一世は連邦制の導入と、そのための憲法改正を進めることを決めた。それが「ベルギー存続」のための道と考えたのだ。しかし、改革は順調ではなかった。ティンデマンスは、かつてのエイスケンス同様にあくまで「混乱を避けるために」改革を進めようとし、連邦化には懐疑的だった。それは当時のボードゥアン一世の意図とは少し異なっていた。

一九七七年、ティンデマンスは、分裂した両カトリック政党、社会党、そしてフランデレンとワロンの言語主義政党の代表をエフモント宮殿に招集し、改革について話し合った。

この話し合いでは、オランダ語、フランス語、ドイツ語の三つの言語共同体、およびフランデレン、ワロン、ブリュッセルの三つの地域に独自の政府を設置すること、それらに課税権を認めて自治を促進すること、さらにブリュッセル周辺域（オランダ語圏）に住むフランス語住民に配慮して、彼らがブリュッセル首都圏（両語圏）のフランス語政党に投票できるという便宜措置を付与する案がまとめられた。これが一九七七年五月の「エフモント協定」であり、周辺域（ハッレ＝ヴィルヴォールデ）と合わせて、ＢＨＶ（ブリュッセル・ハッレ＝ヴィルヴォールデ）選挙区を創設することになった。

しかし、議会で憲法改正を進める段になって、ブリュッセルの便宜措置に対するフランデレンの不満が噴出し始めた。これをエフモントの話し合いで認めたフランデレンの言語主義政党「人民同盟」は、「政権に就くことで買収された」と批判されることになった。これによって一部の過激なグループから「フランデレン独立」を主張する「フラームス・ブロック」という政党が誕生する。

さらにフランデレンのカトリック政党の内部で、激しい対立が生じた。ティンデマンスに対抗したのは連邦化を進めようとしたマルテンスだった。ティンデマンスが求めたものは「混乱を収めるための改革」であった。ティンデマンスによれば、この協定こそが「最終的な言語問題の解決」だった。他方でマルテンスは「連邦制導入に向けた決定的な一歩」を求めていた。「国家」に従属するものとしてではなく、自立した「地域」を作り上げようとした。それはベルギーを実質的に連邦国家に方向づけることを意味する。エフモント協定の目的は何か。それで議会は混乱し、手続きは遅々として進まなかった。

このころ、ボードゥアン一世、ティンデマンス、そしてマルテンスは何度も王宮で話し合っていた。そして翌一九七八年八月には、ボードゥアン一世はたとえこの法案が可決されても、一層混乱を招く可能性があるから、自分は支持しないことを明言した。その結果、一〇月にはテレビ会見で突然ティンデマンスが「国王の拒否」を理由の一つに辞任することを表明した。ボードゥアン一世はエフモント協定を無に帰すこの辞任に怒りを露わにした。

ボードゥアン一世の忠実な僕――マルテンス

ボードゥアン一世にとって、連邦化を志すマルテンスの存在は救いだった。連邦主義者のマ

マルテンス

ルテンスは、後に「国王の忠実な僕《しもべ》」と呼ばれることになる。ティンデマンス辞職にともなう選挙の後、一〇六日もの日数をかけてマルテンスを首相とする政権が組閣された。時間を要したのは、一九七〇年の改正で定められた「内閣は、同数のフランス語を語る大臣と、オランダ語を語る大臣から成る」という規定によって組閣が難しくなったためであった。

一九七八年のクリスマスに、ボードゥアン一世は再び「互いの違いに敬意を払いなさい。そのために強く安定した中央政府が不可欠です」と呼びかけた。さらに「中央政府は、共通の利益を追求し、国際社会において両者を代表するのです」とも述べた。これは「連邦化が「統一」ベルギーの将来を破壊することを意味するわけではない」という、統一主義者に対する協力要請のメッセージだった。そしてもう一度前向きに憲法改正論議を進めるように訴えた。

しかし、ティンデマンス元首相の影響下にあるカトリック政党の政治家たちは、憲法改正を拒否した。そのため、このときのマルテンス政権は短命で終わることになる。その後もボードゥアン一世は粘り強くマルテンスを首相に指名し続けた。彼は（一九八一年のマーク・エイスケンス政権を除いて）九つもの政権を担当し、計一二年もの間首相であり続けた。ようやく一九八〇年八月、マルテンス第三次政権のもとで新しい憲法改正が行われた。

この憲法改正によって、フランデレンとワロンの二地域と、オランダ語、フランス語、ドイツ語三共同体に議会と政府が設置された。「地域」には経済政策に関する法律を制定する権限が与えられた。「共同体」はさらに権限の範囲を広げ、移民問題、医療政策など「個人」を基礎とする政策を決定できる権限が与えられた。ただし、先のエフモント協定をめぐる混乱が考慮されて、ブリュッセルの位置づけについて触れられることはなかった。

連邦国家へ

一九八〇年の改革にもかかわらず、問題はまだ残っていた。「地域」政府が決定した方針は、まだ実質的には中央政府の決定の下で保留とされた。また地域の財源は制限されていた。さらに地域政府のメンバーは、中央の国会議員が兼職していた。つまり、一九七〇年の改正では「地域」と「共同体」の存在を認め、一九八〇年の改正で一応の権限をそれら地域や共同体に形式的に付与はした。しかし、それが「形式的」であることは誰の目から見ても明らかだった。

経済面で苦境にあったワロンは、ベルギーの一体性を前提に、ワロンが独自に公共事業や運輸・交通政策などを決定できる連邦制を求めた。ワロンからすると、経済的に苦しいのだから完全に切り離されては困るし、人口や経済力において上回るフランデレンに、ベルギー全体の意思決定を牛耳られては困る。こうして地域政府の財源(国からの交付金)を拡大する要求と、中央から自立して政策を決定できる自治の要求が高まった。

すでに改正後の一九八一年一二月には、ボードゥアン一世はマルテンスに対して「前回〔一九八〇年〕の改革は完成される必要があります。とりわけ『地域』と『共同体』がより積極的に共存できる制度を作り出すように」と指示を出した。もう前に進むしかなかった。

他方で、この時期に連邦化を進める争点となったのは、一九六〇年から積み残されたフーロンの問題だった。この問題は、実は七〇年代もしばしば争点にはなっていた。しかし一九八七年九月、オランダ語圏になっていたフーロンの市長にフランス語話者のジョゼ・アッパール（一九四七〜）が選ばれた。アッパールはフーロンを「二言語地区」にしようと主張し、政党を組織して市長に当選したのである。

市長になってから、アッパールは一切（公用語である）オランダ語を使用しようとしなかった。そのためアッパールは当選を無効にされ、それに反発したフランス語系住民の激しいデモも生じた。この問題は、当然二言語地域であるブリュッセルの位置づけをめぐる問題に飛び火した。

フーロン問題のために第七次マルテンス内閣は倒れ、選挙が行われた。ボードゥアン一世は、改革を進めるため、審議を阻害するフーロン問題を「封印」しようとして、各党の代表に「今後アッパールがフランス語を用いる限り、彼を市長として認めないようにする」と説得して回ったと言われる（それがかえってワロンの人々のフランデレンに対する反発感情を刺激して、アッパールはその後九回も市長に当選し続けた)。言語問題を収束させるために、そしてベルギーを存続させるために、連邦化を進める以外の道はもうなかった。一四八日の交渉後、一九八八年五月に第八次マルテンス内閣が成立した。この内閣のもとで、早急に国家改革を終わらせようとする憲法改正が進められることになった。

一九八八年七月一一日、ボードゥアン一世はマルテンスに「共同体と地域に一層の自治を付与しなければなりません。そして、それが中央[ベルギー]を強くしなければなりません」と書簡を送っている。それから約一週間後の二〇日、ボードゥアン一世は地域と共同体にできる限りの自治を与えよと議会でスピーチした。

連邦は統合であり分裂ではありません。国家改革は、異なるものどうしの連帯と協力を強めるに違いありません。(略)新しい国家の機構は、私たちの政治制度を真の連邦制度に変えるものとなるでしょう。世界中の他の多くの連邦国家のように、私たちは(略)地域主義者の要求にはびくともしない強い中央政府を必要とします。連邦制は統一を促進するのです。(略)連邦制は分離ではありません。ともに歩むことなのです。

(*Belgium and the Monarchy* より)

こうして第八次マルテンス内閣のもとで戦後三回目の憲法改正が行われた。この憲法改正により地域と共同体の権限は大幅に拡大した。教育分野は完全に共同体の管轄下に入った。また中央政府から地域政府に、公共事業、運輸、都市計画など経済政策についても大幅な権限の移譲が行われた。さらに地域政府には国家財源の四〇%が振り分けられ、財政に関する権限の移譲もなされた。

最大の問題であったブリュッセルの地位も検討され、最終的にこの地は「フランデレンの例外」としての両語圏ではなく、第三番目の地域圏として独立した「両語圏」としての地位を獲得した。新憲法は「ベルギーは三つの地域圏、すなわちワロン地域圏、フランデレン地域圏、ブリュッセル地域圏からなる」と規定し、ブリュッセルにも議会が設置された。

新しい敵との闘い——分離主義者の台頭

こうして実質的な連邦化が進むと、今度はフランデレン側から経済的に停滞しているワロンに対する不満が出るようになった。それは、フランデレンの人々の税金がワロンに「奪われる」ことに対する不満である。

一九九〇年代に入ると、フランデレンでは「ベルギーからの独立」を求める声が主要紙に掲載されることもあった。それを背景にして、フラームス・ブロックが「フランデレンの分離」を掲げて、九一年の選挙で一二議席を獲得した。そして、これが最終的な憲法改正——連邦制の導入——を急がせることになった。

このままではベルギーが分裂してしまうかもしれない。連邦化の進展がベルギーを破壊することになってはならない。それはボードゥアン一世がこの半世紀もっとも気を遣っていたことである。

ボードゥアン一世は一九九一年選挙後の組閣に際して、各党の代表に「分離」という言葉を用いぬよう注意を喚起して回った。そして一定の勢力を得たフラームス・ブロックが政権の交渉に入らないようにした。彼は最期までフラームス・ブロックの代表と面会することはなかった。

フラームス・ブロックの台頭を許し、カトリック政党の支持を減らしたマルテンスは、家族が健康を崩していたことも重なって、第一線から退くことになった。

ボードゥアン一世とマルテンスの関係を悪くしたできごとが、一九九〇年に生じていたことに触れておこう。同年三月に、ベルギーでは人工妊娠中絶が、西欧ではかなり遅れて合法化された。しかし、ボードゥアン一世は、敬虔なカトリック信者として、これに署名することはできなかった。

結局、政府は一時的にボードゥアン一世を「退位」状態とみなして、国王が機能しないときには内閣がそれを代行するという憲法上の緊急措置をとり、内閣主導で合法化に踏み切った。しかし、この強引な手法がマルテンスに対する支持を下げ、逆に信仰にもとづいて信念を曲げなかったボードゥアン一世の国民的人気を高めることになった。こうなると、不人気になったマルテンスはもう必要なかったのである。

マルテンスというパートナーを失っても、ボードゥアン一世は連邦化の完成に向けて進んでいった。一九九三年に行われた戦後四回目の改正では、カトリック政党のジャン＝リュック・デハーネ（一九四〇〜二〇一四）を中心に、憲法上、完全な連邦制への移行が進められた。サベナ・ベルギー航空の経営に失敗した運輸大臣デハーネ――本質的な責任は、デハーネだけに求められるわけではなく、ベルギーが小国で国内線をほとんど運航できず、サベナが慢性赤字体質だったことにあろう――を首相にすることは、ボードゥアン一世にとって本意ではなかった。だが、「ベルギーをヨーロッパへ」など過激な意見が飛び交うカトリック政党のなかで、穏健な連邦主義者として知られていたデハーネ以外に候補者はいなかった。

そして、新しいベルギー国憲法は、第一条で「ベルギーは、共同体と地域圏から成る連邦国家である」と宣言した。ボードゥアン一世は「これで私たちを妨げるものはなにもない」と語った。彼が突然の心不全で息を引き取ったのは、それからわずか数ヵ月後だった。

ボードゥアン一世は、妻ファビオラとともに敬虔なカトリック信者として知られていた。彼にとっては、ベルギーという国は神から彼に贈られた賜物《たまもの》だった。たとえ連邦国家になろうとも、それを壊してはならない。それがボードゥアン一世の信念だった。

なお、一九七〇年から二〇〇〇年までの間、ベルギーでは一九もの政権ができたが、先にも記したように、その間マルテンスが一二年を占めた。またデハーネ、ティンデマンス、ファン

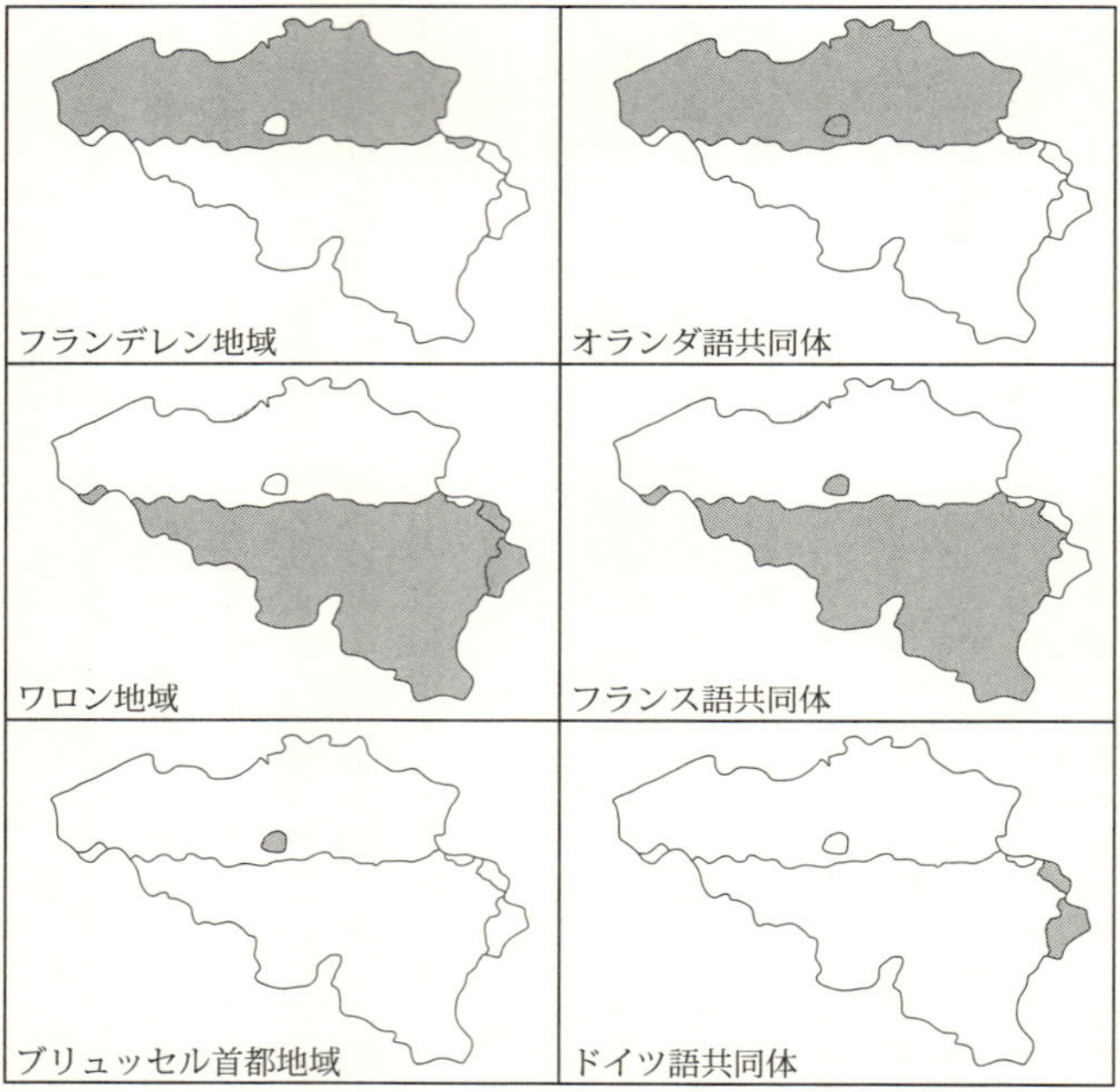

ベルギーの連邦制度

デン・ブイナンツは一八年も何らかの大臣を務めていた。エイスケンスの息子、マーク・エイスケンス（一九三三〜）は一度首相を経験し、それを含めて一六年間も何かの大臣であった。他にもヴァン・アケルの息子など二世議員たちが多く入閣した。ボードゥアン一世は、激動の改革期を「身内」で固めることで乗り切った。

国王とその側近たちが、連邦化改革期のベルギーにおける「合意の政治」を担っていた。

ベルギーの連邦制度

ベルギーの連邦制度を簡潔に説明しておこう。この連邦制は、図に示すように、地理的単位である「地域」と別に、「言語」という「個人」の属性を基準にした単位によっても構成されている。ベルギー（中央）連邦政府、そして地理的な、フランデレン、ワロン、ブリュッセルの三つの「地域」政府という構成体、さらにオランダ語、フランス語、ドイツ語（人口の約〇・五％と言われる）の言語によって区分された「共同体」政府という構成体が設定されている（なお、一九八〇年以来、フランデレン地域とオランダ語共同体の政府・議会は一つに統合された。また近年、「フランス語共同体」は、自らを「ワロン＝ブリュッセル連合」と改称している）。

連邦政府、言語共同体政府、地域政府のあいだに明確な上下関係の規定はなく、担当する政策領域が異なる。主に連邦政府は安全保障や外交、社会保障権限を有する。言語共同体政府は教育、文化、言語にかかわる政策の権限を有し、地域政府は域内の公共事業など経済政策を担当する（一九九三年時点）。

また連邦での閣僚ポスト配分を言語別に同等とすること、少数者の「アラーム・ベル」を認めるなど、少数派の利益にも十分に配慮がなされていた。しかし、このような連邦制を選択したベルギーは、その後またもや言語の対立に巻き込まれていく。

【コラム】スポーツ——サッカーで国家の分裂を阻止？

ベルギーでもっとも人気のあるスポーツといえば、やはりサッカーである。二〇〇二年のFIFA日韓ワールドカップでは、日本の初戦の相手がベルギーだった。ベルギーは「赤い悪魔」（ディアブル・ルージュ）と呼ばれる。「赤い悪魔」と呼ばれるチームは他にもあるが、ベルギー代表がそう呼ばれたのは一九〇六年四月の対オランダ戦で勝利したとき以来だから、かなり古いほうだろう。

ベルギー人の熱狂ぶりはヨーロッパの他国に負けず劣らず激しい。特に国際試合で「ベルギー」チームが戦うときは、（唯一と言っていいほど）ベルギーの人々が一丸となる。

また、一九八五年五月二九日にブリュッセルのヘイゼル・スタジアムで開催されたUEFAチャンピオンズ・カップ決勝（リヴァプール対ユヴェントス）の試合前にサポーター同士が衝突し、三九人が死亡した「ヘイゼルの悲劇」が生じた。このときベルギー警察は、フーリガン（暴徒）に対する警備の不備を指摘され、これ以来ヨーロッパ全域でフーリガン対策が進められるようになった。今も重要な大会の夜は、街が荒れるときがある。

また、スポーツとベルギーを結びつける人物として、ジャック・ロゲ（一九四二〜）の顔を思い出す人は多いだろう。そう、二〇二〇年のオリンピック開催地を「トーキョー！」と発表し、「Tokyo 2020」とかかれたパネルを示した人物。二〇〇一年から二〇一三年まで国際オリンピック委員会会長を務めたベルギー人だ。

もともとヘント生まれで整形外科医。スポーツ医学で博士号を取得している。自身もヨットで夏季オリンピックに出場経験がある。その後ベルギーオリンピック委員会会長、欧州オリンピック委員会会長を歴任した。医師出身ということもあり、青少年のスポーツ離れと薬物依存を憂い、ドーピング撲滅が彼のＩＯＣ理事就任以来の課題であった。スポーツによるコミュニティの健全な形成をめざそうとしているところは、「サッカーでまとまるベルギー」の人らしい。

また肥大化していたオリンピック競技の適正化に努め、ＩＯＣ委員の定数削減や種目見直しを推進した。それによって野球とソフトボールが除外されたことは、日本の私たちのよく知るところである。

第6章　分裂危機——一九九三年〜

1　アルベール二世の即位

人生は長い休暇

一九九三年七月、ボードゥアン一世は亡くなり、翌月その弟、アルベール二世が五九歳で即位した。ボードゥアン一世とファビオラの間には子供がなかったので、弟が王位を継承することになったのである。

アルベール二世は、「人生は長い休暇」と考える人だった。仕事は、休暇の間に渋々するもの。そしてこのライフスタイルを、国王就任後も変えることはなかった。王宮で暮らすことを嫌い、南仏へ大好きなバイクに乗って出かけていった。即位したころ、ベルギーの人々が猛スピードで疾走するバイクの一団を見かけると、暴走族か、それとも国王の仲間たちか、どちらかだと考えたという。

彼は勉強熱心だったわけでもない。海軍在籍時代、彼は大将の地位まで昇格したが、当時のNATO将校は、後に「アルベールが伍長の試験に合格したところさえ見たことがない」と告白している。晩年、政治に積極的に介入した兄とは異なり、アルベールは政治や仕事に無関心だった。そして彼のこうした姿勢には、妻のパオラ妃の存在が影響していた。

パオラとの結婚生活

パオラは、イタリア空軍のエースと言われた著名なパイロットを父にもつ。アルベール王子とは、一九五八年に催されたローマ教皇ヨハネ二三世の即位式で出会い、みそめられた。そのとき一七歳。二人はそろって遊び好きだった。勉強は嫌い。夜のダンスパーティのために、昼間は極力仕事もしない。お互いに惹《ひ》かれ合って、一九五九年七月にブリュッセルで結婚した。新居は、口うるさい側近が目を光らせている宮殿から離れたところに構えた。

結婚後、パオラは、彼女曰《いわ》く「醜い言葉」であるオランダ語を学ぶことも、人前で話すこともなかった。多くのベルギー人が話すオランダ語を理解しようとしないから、パオラは孤独だった。知らない言葉で進められる式典はわけがわからない。その最中にテーブルの下で靴を脱いで、時計を見ながら、夫に「いつ終わるの?」「早く帰ろうよ」と大声で尋ね、少女から花束を贈られたときも、眠いからと受け取りを拒絶したりした。演奏を聞きに行くのが面倒だと言って、ドイツから訪ねてきた著名な指揮者、ヘルベルト・フォン・カラヤンとオーケストラを三

アルベール王子とパオラ

〇分も待たせたこともあった。その自由奔放な振る舞いに、ベルギーの人々は頭を抱えた。

彼女は世紀の美女であった。服装は派手で、パパラッチが彼女を追い回した。ミニスカートをはき、美脚を露わにし、ダンスしている姿が撮られた。ダイアナ（ウェールズ）妃よりも二〇年も前に、水着姿の写真が掲載された。彼女が日光浴する姿は、当時のタブロイド紙の格好のネタだった。ドイツのあるタブロイド紙は「彼女はベルギー人を慌てさせることを楽しんでいるようにみえる」と報じた。

夫アルベール王子も遊び人だったのでトラブルは絶えなかった。ナイトクラブから愛人と仲良く登場する写真が報道された。結婚して一〇年もたつころ、二人の関係はこじれ、離婚の手前までいったと言われている。ボードゥアン一世はパオラを「離婚すれば王室費も受け取れなくなるし、子供を失うよ」と説得し、離婚を阻止した。アルベール二世が国王に即位したときには、三人の子供がいたこともあって、二人はどうにか不仲を乗り越えた。

無関心の国王

即位後もアルベール二世は、不仲を乗り越えたパオラとともに、しばしば南仏に出かけていた。彼はツーリングと釣り、パオラはガーデニングを楽しんだ。働くのは週に数時間。「ベルギーの内閣、政治家や側近はよくやってくれている」と好意的なまなざしを向けるのが、アルベール二世の基本的なスタンスだった。そして、この国王を、ベルギーの国民は大いに愛した。

ただし、側近や有力者はこの王に頭を抱えた。ベルギー最大の銀行、ソシエテ・ジェネラール銀行の合併が問題になり、頭取が事態の説明のため謁見を願い出たときも、彼は南仏で休暇中であることを理由に、会うことを拒否した。これからしばらくの間、ベルギーの財界有力者は、国王への謁見を自ら求めることはなくなった。

こうした彼の無関心は、しばしば国会でも問題にされた。野党フラームス・ブロックから国王の態度を問われた首相デハーネは、「私の知る限り、国王から政治的な言動を一切聞いていない。（略）国王とその周辺の人々の行動を議会で問うことはできない。もし問えば、ベルギーの政治システムを破壊することになってしまうだろう」と答弁している。彼の政治への無関心はそれ自体が政治的争点になるほどのものだった。

王の役割の見直し

さらに、ちょうど彼が即位したころ、慢性的な財政難に苦しむベルギーの議会で、国から王室に支払われる費用が多すぎるのではないかと問題になった。一般的にこの費用は、王族の世話をするスタッフの手当として用いられる。ベルギーの場合、その手当は別に一般会計に組みこまれていた。つまりこの費用はまるまる王族のポケットに入る仕組みだった。

アルベール二世は王子のころから、このお金を使って遊んでいた。貿易振興会を通じてポケットマネーで海外へ渡り、世界の酒場で夜な夜な遊んでいた。しかし、ここにきて、とうとうこの費用を削減しようという意見が主張されるようになったのである。

同時に、王の役割を見直そうという議論も生じた。過去のベルギーにおいては、ここまで述べてきたとおり、実質的に国王が政治に深く入り込んできた。しかしアルベールが即位するころ、国王の権限を「儀礼的なもの」に制限すべきだという主張がなされるようになった。一部の過激なグループは、君主政自体を見直すべきだと主張した。さらに国家改革を進めて、共和政を導入しようというのである（これらの議論は今も続いている）。

これらの国王の権力を制限しようとする主張と、若かりしころのアルベール二世の遊び癖《ぐせ》、無関心がどれほど関係あったのかは定かではない。しかし、アルベール二世の時期、ベルギーの政治と王室との関係は冷めたものであった。やがて彼もまた分離主義者との闘いに巻き込まれていくことになるが、少なくとも九〇年代の間、国王は、ベルギー政治の表舞台から消え去ることになる。

2　連邦化以降のベルギー――問われる「国家の役割」

ドュトルー事件の衝撃

九〇年代には連邦化後のベルギーのあり方を考えざるをえないような衝撃的な事件が生じた。その最たるものは、ドュトルー事件である。これは、電気工（自称）であったマルク・ドュトルーが犯した一連の犯罪を指す。ここでこの事件の全容を記すことはできないが、彼は一九八九年に連続強姦《ごうかん》犯として逮捕され、懲役一三年の判決を受けて収監されていた。しかしこのときは模範囚であったため、わずか三年後の一九九二年に釈放された。

釈放後、ドュトルーは収監中の精神的苦痛から働けなくなったことを理由に、生活保護を受けていた。逮捕後に明るみになったことであるが、実際には彼は家族の支援や詐欺、窃盗で生活し、生活保護費で自宅地下に監禁部屋を作っていた。そして彼は一九九五年にワロンの大都市リエージュで八歳の少女二人を誘拐し、監禁した。さらにその二ヵ月後、オーステンデの海岸にバカンスに来ていた一七歳と一九歳の女性二人を拉致《らち》監禁した。この二人は、ドラッグをうたれて窒息死したと言われる。

一九九五年末、彼は車の窃盗罪で刑務所に半年服役した（リエージュの少女二人はこの間に餓死したと言われている）が、シャルルロワ（ワロン）警察は、彼の妻が妊娠していることを理由に、「人道的見地」から、彼を自由の身とした。

釈放から二ヵ月後、再び彼は一二歳の少女と一四歳の少女を拉致した。このとき通行人がドュトルーらの車を目撃したことから、ドュトルーは四日後に逮捕された。二人の少女は救出され、ドュトルーの妻と犯行を手伝った男二人も逮捕された。

逮捕後、強姦犯を刑期途中で釈放したこと、監禁された少女を探す両親に対して、警察が「彼女は自ら失踪《しっそう》したのでしょう」といい加減な返答をしたことなどが明るみに出て、ベルギーのみならずヨーロッパが騒然となった。一九九六年一〇月には警察の怠慢と司法制度に抗議する市民デモ「白の行進」が行われた。ベルギー国民の三％にあたる三〇万人が参加した。

この事件は、ベルギーの警察、司法制度、そして社会保障制度を揺るがす大事件となった。警察の怠慢、犯罪者に甘い司法、犯罪者を支援した社会保障が批判された。これら司法や社会保障は、多様なベルギー社会を国家として一つにまとめる制度的装置だった。それに対する不信が一気に高まったのだ。

もう一つの「ベルギー」を束ねるものは国王の存在である。公務を嫌うアルベール二世も、この衝撃的事件を受けて早々にバカンスを切り上げ王宮に戻り、自ら被害者家族に電話した。そして被害者家族を含む、子が失踪した親たちを王宮に招いて食事会を開催し、司法を批判し「迅速な解決を」と訴えた。これがテレビ放映された二日後に「白の行進」は起こったのである。

さらに一九九七年には、自動車のルノー社がベルギーのヴィルヴォールデにある大規模な工場を、業績不振のために一方的に閉鎖すると宣言した。これを機にベルギーではルノー社に対する批判が高まり、それがルノーの本国フランスの労働組合にも伝染し、一国を超えたストライキが発生した。さらに数日のうちにスペイン、数ヵ月後にはオランダ、ルクセンブルクなどに広がり、ヨーロッパ全土、EUを巻き込む「ユーロ・ストライキ」へと発展した。労働運動が国を超えて一体となった。ベルギーの問題が、ベルギーだけの問題ではなくなったのである。

やはり「国家」の意義が問われることになる。

こうした九〇年代のさまざまな事件は、「ベルギーという国家とは何か」という問いと、そこまでベルギー政治を牽引してきた既成権力に対する疑問を国民に自覚させることになった。カトリック政党や社会党の支持率は徐々に低下し、一方で自由党が台頭することになる。その流れを次に見ていこう。

自由党の変貌と勝利

前章で見たように、一九八〇年代以降、ベルギーは新しく登場した分離主義勢力に悩まされてきたが、ベルギーの政治を支えてきた主要な政党も、全般的に分離主義・地域主義に侵されていった。フランデレンの自由党がその先陣を切った。

自由党は、従来カトリック政党、社会党に次ぐ第三党であった。一九八五年には、社会保障費などを切り詰めて国の財政を立て直す、いわゆる新自由主義的な政策を主張していた。しかし当時のベルギーでは受け入れられるどころか批判にさらされ、一九八八年から野党であり続けた。この不利を克服しようとして新党首のギー・ヴェルホフスタット（一九五三〜）が中心となり、大胆に言語問題を掲げる政策へ方向転換することになる。

ヴェルホフスタットは、従来掲げていた、言語問題に対する中立的、曖昧な政策と立場が災いして自由党は票を獲得できないと見た。そして「国家の役割を縮小する」ことは「地域の役割を拡大する」ことにつながると考えた。先の新自由主義的な政策が、地域の権限を大きくする「地域主義」と結びついたのである。そしてフランデレンの自由党は、「フランデレン」（や「ワロン」「ブリュッセル」）が、より一層財政上の自治を獲得するべきだと主張するようになる。

その後に行われた一九九九年の選挙は、現代ベルギー政治の分水嶺《ぶんすいれい》だった。従来の権力に対する不満を背景にして、またさらに投票日の二週間前に自由党が「鶏にダイオキシンが含まれていた」ことを公表したことも影響した。「ダイオキシン疑惑」を隠蔽《いんぺい》していた与党のカトリック政党と社会党は得票を激減させ、自由党が議席を伸ばした。そして、学校紛争の一九五四～五八年の時期以来、約半世紀ぶりに自由党のヴェルホフスタットを首班とするカトリック不在の政権が成立することになった。

慌てたカトリック政党は党改革に乗り出すことになる。

カトリック政党の変容

カトリック政党、特に戦後のベルギー政治を牽引して国家改革を進めたフランデレンのカトリック政党CVP（キリスト教人民党）は、一九九九年の選挙で負けたことを機に、自由党の「ヴェルホフスタット氏に圧倒されることへの恐怖」（後のベルギー首相であるヘルマン・ファンロンパイ〔一九四七～〕の談）から、党改革を進めることになった。

この時期に台頭したのがイヴ・ルテルム（一九六〇～）である。ルーヴェン・カトリック大

地域	政党名	イデオロギー	旧政党名	リーダー
フランデレン	CDV（キリスト教民主フランデレン党）	キリスト教民主主義	CVP	ルテルム，ヴァンロンパイ，ベーケ
	OpenVLD（開かれた自由民主党）	自由主義	PVV	ヴェルホフスタット
	SP.a（もうひとつの社会党）	社会民主主義	SP	ヴァンデ・ラノッテ
	N-VA（新フランデレン同盟）	フランデレン地域主義	VU	デ・ウェヴェール
	VB（フラームス・ベラング）	極右		
	GROEN	環境	AGALEV	
ワロン	CDH（人道的民主センター）	キリスト教民主主義	PSC	ミルケ
	MR（改革運動）	自由主義	PRL	レンデルス
	PS（社会党）	社会民主主義		ディ・ルポ
	ECOLO	環境		
	FN（国民戦線）	極右		

ベルギーの政党の変容

学、ヘント大学で学び、会計検査院などの要職を経て、二〇〇二年の党首選挙で党首となった。

ルテルムは丹念に地方を遊説し、カトリック政党が地方でまだ支持を集めることができると考え、二〇〇二年に党の名前を、CVP（キリスト教人民党）からCDV（キリスト教民主フランデレン党）へと改称した。つまり党名に「フランデレン」を付したのである。

さらに彼はフランデレンの地域主義政党「新フランデレン同盟（N-VA）」との連携を進めていく。N-VAは「人民同盟」の急進派が二〇〇一年に結成した新政党である。

ルテルムがこのN-VAとの連携

を進めることによって、フランデレンのカトリック政党もまた「フランデレン」を打ち出す地域主義政党へと変貌《へんぼう》した。こうして、フラームス・ブロックなどの「分離主義者」が台頭するだけではなく、全般的な地域主義化が進んだのである。

連邦制による矛盾

自由党新政権の下で、二〇〇三年までの間に、財政面の分権化が進んだ。まず、各地域政府の課税範囲が広がり、さらに課税率を上げる権限をもった。また、連邦政府から共同体政府への交付金が大幅に増額された。これは、首相官邸を移設予定だったブリュッセルの地区の名を冠して「ランベルモン協定」と言われる。

しかし、合意後景気が後退すると、財源の多くを手離したために、ベルギー政府の財政は逼迫することが明らかになった。特に額の大きい、従来国家が担ってきた社会保障分野が問題となった。

これが明らかになるにつれて、今までは国からの財政補助で埋められてきた、経済的に豊かなフランデレンと貧しいワロンの格差が、今まで以上に問題視されるようになった。

この「国家財政の危機」や「格差」は、いわば、分権化、連邦制を進めたことによって生じた矛盾だった。こうした「連邦制による矛盾」というべき問題が次々と明らかになっていく。

ひとつはＤＨＬ事件と呼ばれるものだ。ＤＨＬは世界最大規模の輸送会社で、従来ブリュッ

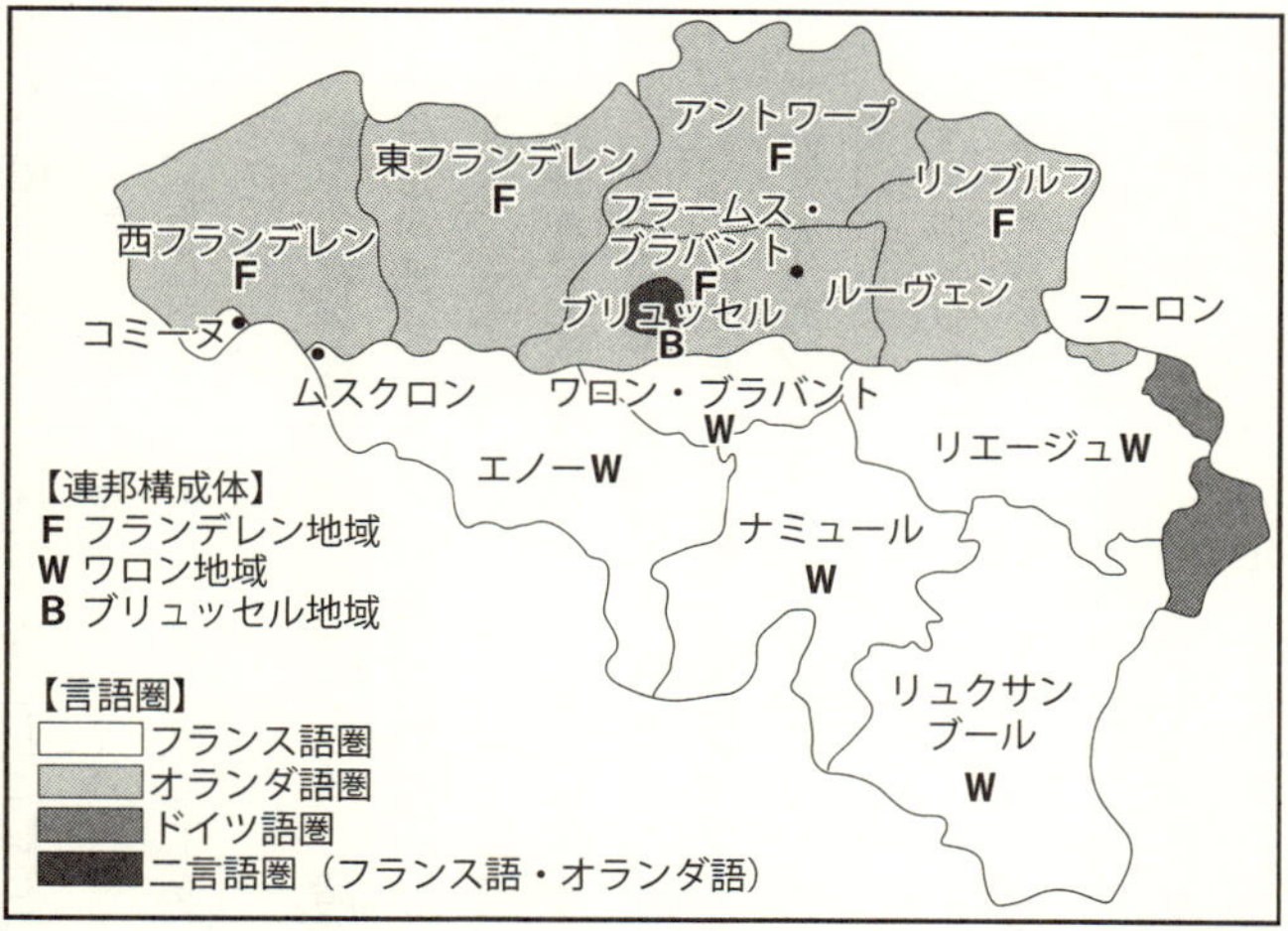

ベルギーの連邦構成体（『高校政治・経済 新訂版』［実教出版株式会社，2009年］をもとに作成）

セルに拠点をもち、その郊外のザベンタムに位置するブリュッセル国際空港から夜間便で世界中に配達を行っていた。つまりDHLの飛行機は、配達地域によってブリュッセル、フランデレン、ワロンのいずれの上空をも飛んでいた。問題は、二〇〇三年以降、空港の周辺住民のために騒音レベルを規制する法を議論するときに生じた。

連邦制を導入してからのベルギーでは、こうした騒音問題は連邦（ベルギー）政府の管轄ではなく、地域政府の管轄にあった。結果として、フランデレン、ブリュッセル、ワロンの三つの地域から、異なる三つの騒音の基準値が提示された。だが、基準値を統一しないのは非現実的である。どの基準値に統一すべきかをめぐる議論は堂々巡りだった。結局答えの出ないまま、怒ったD

HLは拠点をドイツに移転することにした。数千人の職と数百万ユーロの税金をベルギーは失った。これも分権化を徹底していくことによって生まれた矛盾だった。

他に、首都ブリュッセルの周辺域の問題もある。この周辺域、ハッレ＝ヴィルヴォールデ地区はフラームス・ブラバント州に含まれ、オランダ語圏と規定されてはいるが、首都への通勤・通学に便利なため、多くのフランス語系住民も住んでいる（人口の三〇％を超えると言われている）。そのためベルギー政府は、ハッレ＝ヴィルヴォールデ地区に住むフランス語系住民がブリュッセル（両語圏）のフランス語政党に投票できるように、「便宜措置」と呼ばれる特例を設けた。この便宜措置付きの選挙区を一括して、「ブリュッセル・ハッレ＝ヴィルヴォールデ（以下BHV）選挙区」と呼んだ。

しかし、連邦制の導入後、直接選挙で地域議会・政府が構成されるようになると、ハッレ＝ヴィルヴォールデ地区の有権者から支持された政党や政治家は、フランデレン政府に加わるのか、それともブリュッセル政府に加わるのかをはっきりさせるべきという声が高まってきた。

フランデレン側はハッレ＝ヴィルヴォールデ地区（オランダ語）とブリュッセル（両語）を分割し、ハッレ＝ヴィルヴォールデ地区をオランダ語の管轄に戻すべきだと主張した。他方でフランス語政党は、ハッレ＝ヴィルヴォールデ地区から得られるフランス語系住民の票が奪われると、ブリュッセルで自分たちの議席が失われる可能性があると心配して、分割に反対した。

議論は激しく、答えを出すことはできなかった。当時のヴェルホフスタット政権は、解決できぬまま、二〇〇七年の選挙でこれを争点にして世に問うこととした。これもまた連邦制を導入したことで露呈した矛盾である。

加えて、先のドュトルー事件の捜査は、ワロンの警察の管轄下にあった。その無能ぶりをフランデレンは批判した。こうして、特にDHLとBHV問題の対応に苦慮した与党フランデレン自由党を中心に、反ワロン感情が高まっていった。連邦化、さらなる分権化が矛盾を露呈し、それによってベルギーという国の存在意義が問われるようになった。

高まる不安——「ベルギー分裂」報道

選挙を翌年に控えた二〇〇六年末には、ワロンの国営放送RTBFが、番組の途中で「フランデレンが独立を宣言した」という臨時ニュースを流した。フランデレンとの境界線で電車を止め、フランデレンの旗をふる暴徒の映像が流された。

実は、これは財政格差やBHV問題を議論する報道番組の宣伝であった。つまり架空のニュースである。

しかし当日これを真に受けた世論、そして政府当局、他国の外交関係者は慌てふためいた。各大使館からベルギー政府に真偽を問う電話が殺到した。政府はかつてアメリカを騒動に陥れたラジオドラマを引き合いに出し、「国営放送が、国を弄び、H・G・ウェルズの『宇宙戦争』のように世論を混乱させることは誠に遺憾である」と声明を発表した。

これに対してRTBF側は「世論を喚起する必要があった」と答えて一切謝罪しなかった。連邦制を導入した後のベルギーについて、この一〇年の間生じた事件と議論を経て、疑義と先行きの不透明感が充満していた。今後何が起こるかわからない不安が漂っていた。

不安のなかのアルベール二世

このころになると、政治に無関心であったアルベール二世も、動かないわけにはいかなかった。「分裂」を危惧し、彼もまた議会で特に「分離主義者」N-VAの台頭を気にしていた。N-VAはフラームス・ブロックのように、あからさまに「分離」を主張したわけではなかった。しかし、表向きは「ベルギーを破壊するつもりはない」と言いながら、「段階的にフランデレンの自治を獲得する」と主張した。「段階」の先に「分離」があるとみなされた。

アルベール二世は、N-VAと選挙連合を組み、フランデレン地域政府で共に与党に入ったカトリック政党CDVを批判した。彼は議会で「私たちの仲間が拒絶している分離主義者」について「私たちが抱えている問題の解答は（略）あからさまだろうが、隠れていようが、分離主義のなかにあるわけではない」と発言した。つまりN-VAを「隠れた分離主義」と呼んで、批判したのだ。

しかし国王の言葉を、CDVの政治家たちは「稚拙で残念だ」と否定し、党首ルテルムは一切無視した。アルベール二世は、協力者のいない難しい状況で、「隠れた分離主義」との闘いに苦慮することになる。

3　分裂危機との終わらない闘い

ベルギー分裂の「危険な香り」

こうして迎えた二〇〇七年選挙では、BHV問題を解決できなかった与党（自由、社会）が敗北し、野党であるカトリック政党CDVがN‐VAと選挙連合を行い勝利した。CDVの党首ルテルムは、選挙戦の間「フランス語話者にはオランダ語を理解する能力がない」、「フランデレンは、BHV分割のために、いかなる代償も支払わない」など過激な地域主義的な発言を繰り返した。そしてルテルムは圧倒的な支持を得た。

選挙後の政権交渉では、アルベール二世はルテルムを組閣担当者に指名した。国王は、個人で八〇万票という圧倒的な数の票を集めたルテルムを無視することはできなかった。

しかし、地域主義的な発言を繰り返してきたルテルムに対するワロン側の反発は強く、交渉は遅々として進まなかった。ルテルムが譲歩しようとすれば、ワロン側は一斉に「ルテルムの嘘《うそ》つき」「八〇万人のフランデレン市民に嘘をついた」と批判した。

ルテルムを軸にした連立交渉は、こうして袋小路に入り込んだ。社会保障財源の分割、そしてBHV選挙区の分割をめぐり、フランデレン側はN‐VAの党首、バルト・デ・ウェヴェール（一九七〇～）を中心に、強硬に「分割」を主張し続け、ワロン側は「ノン」と言い続けた。ルテルムは、これをまとめることができず、選挙から二ヵ月たった八月半ばの時点で、交渉に参加していた政治家が「この交渉には危険な香りがする［交渉がまとまらず、ベルギー分裂の危険性がある］」と発言し、紙面を騒がした。

分裂危機と闘うアルベール二世

アルベール二世は、この事態を打開しようとして、いったんルテルムをはずし、ワロンから「学者肌」と評判の良かったファンロンパイに調停を依頼した。それも行き詰まると、国王はとうとう自ら各方面に働きかけ、ルテルムを首班とする政権の成立を急がせた。しかしルテルム、デ・ウェヴェールに対するワロン側の反発は強く、各党代表は議論の席に集まりさえしなかった。すでに時は年末。すぐに次年度予算案を決めていかねばならなかった。

アルベール二世も、年内の新政権発足が急務と考え、ルテルム政権の成立をあきらめ、当時市民からもっとも信頼できる政治家として支持を高めていた前首相ヴェルホフスタット（フランデレン自由党）を組閣担当者に指名した。ヴェルホフスタットは強硬な態度をとり続けるN-VAをはずし、二つの自由党、二つのカトリック政党に、ワロン社会党を加えた（翌年三月までの）暫定政権が誕生した。選挙から一八四日、約半年の政治危機だった。

終わらない危機

危機を回避したものの、ＢＨＶにせよ、格差の是正にせよ、問題は何も解決されていなかった。

その後、二〇〇八年三月に政権を引き継いだルテルムは国家改革を進めることができず、同年末で辞任する。次の首相になったファンロンパイは国家改革検討委員会を設立するなど尽力していたが、目立った実績をあげないまま、同年末に初代の欧州理事会常任議長に選出され、約一年で首相を辞任した。

二〇〇九年末に再び首相に指名されたルテルムは、やはり改革を進めることができず、わずか四ヵ月で辞職する。この間、二〇〇七年の選挙結果によって自らの主張が「支持された」と見て、強硬に主張を譲らないフランデレン側と、それに反発して保守的な態度を強めたワロンとの溝は深かった。

二〇一〇年四月のルテルム第二次政権辞職を受け、同年六月一三日に総選挙が実施された。そしてこの選挙では、「隠れた分離主義者」Ｎ‐ＶＡが躍進し、単独で勝利した。

Ｎ‐ＶＡは二〇〇七年選挙でＣＤＶと組み、政権交渉に登場した。交渉ではＢＨＶ問題や財源の分割などの問題に、一切妥協しなかった。しかし、二〇〇八年三月に成立した第一次ルテルム政権は、円滑な政権運営を優先して「ＢＨＶを分割する」と明言しなかったため、Ｎ‐ＶＡはＣＤＶの態度を「妥協」と批判して政権に加わらなかった。二〇一〇年の選挙では、その妥協しない態度が支持されたと言われている。

しかし、「隠れた分離主義者」を中心にした交渉が簡単にまとまるわけはなかった。

行ったり来たりの交渉

選挙後、国王は、選挙結果にしたがって、N-VA党首のデ・ウェヴェールを情報提供者に指名した。「隠れた分離主義者」を嫌いながらも、アルベール二世は選挙結果にしたがうことにした。争点は、やはり経済格差の是正、そしてBHV選挙区の分割だった。しかしワロンを代表する社会党のエリオ・ディ・ルポ（一九五一〜）との交渉は遅々として進まなかった。

アルベール二世は、慎重に状況を打開しようとした。何人もの「調停者」を立て二人の間を取り持とうとしたのだ。しかし、調停者がデ・ウェヴェールに「ベルギーは多様な社会であるから、妥協も必要だ」と説得すれば、彼は「選挙結果に従うことが民主主義の根本だ」と応酬した。しかも二〇一〇年の冬は何年に一度かの大雪で、交通機関もしばしば麻痺《まひ》して、話し合いを妨げた。調停の試みはいずれも無駄に終わった。寒く、暗い冬だった。

度重なる調停の失敗により、年が明け、さらに二月ごろになると、新政権不在日数の世界記録（それまでの最高記録は、イラク戦争後のイラクで生じた二九八日）を更新し、それを恥じる市民の「シェイム（「恥ずかしいぞ！」の意）」デモ、ベルギー統一の維持を願う市民の「フリッツ（ベルギー全土で食べられているポテトフライのこと）」デモが次々に生じて、国民の政治不信は頂点に達していた。

アルベール二世は、二〇一一年五月に、ディ・ルポを再び組閣担当者として指名した。しかし一〇ヵ月ぶりに八政党が交渉テーブルに揃うも、フランデレン側は再びディ・ルポを拒絶する。当人たち、スタッフは疲弊し、時間がすぎていった。

アルベール二世の「喝」とバタフライ合意

進まぬ状況のなかで国王は、独立記念日である七月二一日、テレビで強い口調の演説をした。

> ヨーロッパが金融危機で苦しみ、解決策を模索しなければならないときに、その首都であるブリュッセルをもつベルギーの政治家たちは何をしているのか。事態をわかっているのか。党派の争いをやめ、一刻も早く政権を完成し、一致して欧州危機に対応しなければならないのです。
>
> （*FLANDERS TODAY* より）

いつまでも前向きに話し合おうとしない政治家に対する、強烈な「喝」だった。これは現状に対してだけのものではない。二〇〇七年から延々と議論が進まないベルギーの政治に対するいら立ちがこめられていただろう。

国民に愛されている国王が、テレビを通じて政治家を一喝したことで、雰囲気は一変した。

疲れたスタッフのために夏期休暇がもたれた後、ディ・ルポは、フランデレンの「BHV分割」を容認する。それを受けて、CDVも政権成立をめざして前向きに交渉することを表明する。

このCDVの「寝返り」を見たデ・ウェヴェール（N-VA）は怒り、政権からの離脱を表明する。だが、「隠れた分離主義者」がはずれれば、交渉は容易だった。結局政権交渉はフランデレン、ワロンそれぞれのカトリック、社会、自由の六党を中心に進み、合意が形成され、ワロン社会党のディ・ルポが新しい首相に就くことになった。ワロンから首相が選ばれたのは四〇年ぶりだった。

この合意はディ・ルポのトレード・マークが蝶《ちょう》ネクタイであったため、「バタフライ合意」と呼ばれる。BHVの分割が認められ、それと引き換えにワロンに対する補助の増額も認められた。結局、「合意の政治」が成立した。

この後、二〇一二年にブリュッセルとハッレ＝ヴィルヴォールデ地区を分割する案が可決された。歴史的解決であった。

アルベール二世の退位と新国王フィリップ一世

アルベール二世は、二〇一三年七月に、「健康上の理由」のため、退位することを公にした。背景には、彼の隠し子騒動や王室の贅沢《ぜいたく》な生活に対する国民の不満の高まりもあったと思われる。生前の退位はレオポルド三世以来のことである。退位後、彼とパオラはのんびりと自分たちの時間を楽しんでいるように見える。

アルベール二世の時代、過去の国王と比べれば、ベルギーは国王が政治に介入しない、「普通の」立憲君主国であった。彼は、分離主義者が台頭するなかでも、選挙結果を尊重しながら、慎重に事を進めた。しかし、それでは問題の解決は困難だった。結局彼の一喝があって、ようやく「合意の政治」がなされ、物事が前に進んだ。「普通の君主政」では、物事がスムーズに進まない。それがベルギーという生まれついての多言語国家、連邦制という実験を試みた国家が抱える苦悩なのである。

フィリップ1世

王位を受け継いだフィリップ一世は、一九九九年にワロンの名家の末裔《まつえい》マチルドと結婚した。年齢は二六歳。ベルギー初のベルギー（ワロン）出身の王妃で、フランス語とオランダ語を理解する。聡明で、若くて美しい王妃の誕生に、当時のベルギーは祝福ムードがあふれていた。特にワロンは、ワロン出身の妃を迎えるこのロイヤル・ウェディングに大いに盛り上がった。

しかし結婚後しばらくして、フランデレンにおけるフィリップ一世の評判は下がっていった。それは彼がオランダ語に長けていないこと、そして二〇〇四年の雑誌のインタビューで「私たちの国にはさまざまな人々、そして政党が存在します。フラームス・ブロックもその一つです。この政党は反ベルギー的立場で、国を破壊しようとしています。フラームス・ブロックとその支持者は私と闘わなければなりません。間違ってはいけません。私は、必要な時にはいつも徹底的に闘います。私に楽に勝てるとは思わないほうがいいです」と答えたことがきっかけだ。

フィリップ一世は、次々と「分離主義者」が台頭するなかで、王子時代から、アルベール二世よりも積極的に「ベルギー統一の擁護者」であろうとした。しかし、フランデレンからは、これが「反フランデレン」的態度と批判された。その反発もあって、一時、フランデレンの市庁舎から王室の写真が取り外されたこともあった。先のインタビューは、フランデレンの反発を招いて、分離主義者が支持を得た原因になったとも言われている。

国王、王室が（当人たちが意図していたかどうかは別にして）ワロンを立てればフランデレンが怒り、フランデレンを立てればワロンが怒る。それは連邦制導入後二〇年を経ても、まったく変わらない。

しかも、近年は国王の役割についての議論もなされている。フィリップ一世の先の発言は「直接的な政治介入」とみなされ、当時の首相ヴェルホフスタットは、「王子が、国を割ろうとしている政党に同情できないことは理解できるが、この発言は彼の現在、そしてとりわけ「国王に即位した後の」将来の憲法上の役割にはそぐわない。この役割は、少なくとも公の発言に関する限り、より思慮深くあろうと努め、自重しなければ果たせない」と批判した。

二〇一二年に、ベルギーでは地方統一選挙が行われ、フランデレン諸都市においてN－VAが躍進し、分裂危機をもたらした主役の一人、バルト・デ・ウェヴェールは、全投票の三分の一を獲得し、アントワープの市長に当選した。二〇一二年の状況を見る限り、まだ分離主義者に対する支持は高い。

連邦制の導入によって積年の課題であった言語問題を解決しようとしたベルギーではあるが、それが新しい問題を生み出して、なかなか落ち着きそうにはない。特に欧州経済が停滞しているときに補助金の問題は切実だ。フランデレン側はより一層自治やBHVの「完全分割」を求め、分離主義者に対する期待が高まるかもしれない。フランデレンとワロンの対立が増す可能性もある。まだまだベルギーから目を離すことはできない。

【コラム】日本との関係――さまざまな結びつき

二〇一六年はベルギーと日本の国交一五〇周年で、さまざまな記念行事や学術交流が行われる。日本とベルギーの関係の歴史を簡単にたどっておこう。

ベルギーと日本が正式に通商条約を結んだのは一八八六年（明治一九年）で、日本からみれば通商条約を結んだのは、欧米諸国のなかで九番目である。

今日の日本とベルギーの関係の端緒は、主に第一次世界大戦において生まれている。第一次世界大戦でベルギーが多大な被害を被ったことは前述の通りである。日本では連日のようにヨーロッパの状況が報道されたが、「虐げられし白国《ベルギー》婦人・独軍の暴状甚し」(『東京朝日新聞』一九一四年一〇月一五日)など、ベルギーの惨状を示す記事も少なくなかった。

大阪・東京両朝日新聞社は、ベルギー国民を励ますために、ベルギー国王に日本刀を献上している。特派員であった杉村広太郎は「白耳義《ベルギー》は実に一切の利害と成敗とを超絶して、その意地を立て通した。白耳義は一片意気の国である」と記している。国王は日本に謝辞を返し、さらにその謝辞に対して、両新聞社は義援金募集のキャンペーンを大々的に行っている。

さらに付け加えておくべきは、天皇とベルギー王室との交流である。一九二一年(大正一〇年)、当時の日本の裕仁《ひろひと》皇太子はヨーロッパ訪問の旅に出た。そしてイギリス、フランスに次いでベルギーを公式訪問した。

晩餐会では三〇〇名以上の出席者があったという。そこでアルベール一世は、日本の皇太子に向かって、日本の「民族・言語の単一なる六千五百有余万の国民の歴史」に対する敬意を表した。言語問題に苦しんできたベルギーならではの歓迎の言葉である(以上は『日本・ベルギー関係史』による)。

特に第一次世界大戦のドイツの占領にも触れ、ルーヴェン・カトリック大学にも立ち寄り、第一次世界大戦で焼けた総合図書館を回った。戦場となった闘いの歴史に触れた皇太子は、「感激・敬虔の念、無量ならしむ」との謝辞と感想を後に送った。図書館再建のための寄付が日本から送られ、今も大学の総合図書館（正面から向かって左上）には菊の御紋などが飾られている。日本が関東大震災で被災した際には、二五〇万ベルギー・フランを超える義援金・品がベルギーから送られた。この額は、アメリカ、イギリスに次ぐものである。

日本とベルギーは、「小国であるため時に蹂躙《じゅうりん》されるが、大国に負けじと闘う精神」という同じ思いを共有していた。それがお互いの友好関係を深くしていた。

さらに、現代において日本とベルギーの関係を強くしているのは、本章に登場したヘルマン・ファンロンパイの存在かもしれない。

欧州統合が進み、二〇〇七年のリスボン条約によって、ＥＵは加盟国の国家元首や政府代表からなる「欧州理事会」に常任議長を設置することになった。その初代常任議長に選出されたのが、当時ベルギーの首相だったファンロンパイである。

自著を持つファンロンパイ

ファンロンパイは、当時国際的にはあまり知られていなかったが、一九九〇年代のベルギーのカトリック政党改革を推進したり、二〇〇七年選挙以降の「分裂危機」のとき調停役として尽力したりした。また、その後一年間ベルギーの首相を務めた。物静かな学究肌の人だ。

実は、この彼が、日本通である。彼は俳句を読む人として知られており、ベルギーではすでに

『Haiku』『Haiku 2』なる句集が二冊出版されている。それによれば、彼は「紛争、妬《ねた》みや虚栄心のない世界への憧れ」「平和と和解、結合への憧れ」を求めるうちに俳句にたどり着いた。彼曰く、俳句は「ひとつの生き方」であり「自分の人生が変わったときにまさに俳句に出会うのではないか」。彼にとって俳句は、荒れた世界を思い、平和を願う祈りの言葉だ。

いくつか紹介しておこう。

ある夏の日　「めきめきと　麦伸ぶるなり　我多忙」

EUのノーベル平和賞受賞にて　「ノーベル氏の　宿願果たし　平和の世」

東日本大震災に想いをよせて　「震災後　仁愛の風　流れ込む」

誰かとともに　「地球には　日当りあるも　我ら蔭《かげ》に居り」

（以上、『Haiku 2』より）

日本の伝統的な侘《わ》び寂《さび》の文化を愛するファンロンパイを通じて、日欧交流が進むことを望みたい。

終章　「合意の政治」のゆくえ

二〇一三年の国家改革

一年半の交渉の末に成立したディ・ルポ政権は、バタフライ合意に従って、積極的に国家改革を進めていった。BHV選挙区は分割され、ブリュッセル選挙区（B）のみが両語圏選挙区となった。

また、フランデレン、ワロンそれぞれの地域政府に、税金の運用権限がかなり認められることになり、経済・財政の面でも分権化が一層進んだ。そして、その代わりとして、連邦政府からワロンに拠出する補助金を増額することになった。

こうして、二〇一〇年の六月選挙からおよそ一年半をかけて合意したバタフライ合意にもとづく諸改革は、二〇一三年の一二月までに議会を通過した。すでに時は年末である。年が明ければ二〇一四年。また五月に総選挙が行われる年になる。

二〇一四年の総選挙は、やはり前年末の改革によって、地域議会選挙、欧州議会選挙と同日に行うことになっていた。個別に、何度も選挙を行うことは選挙のための国の費用がかかる。さらに、その時々の情勢次第で、連邦政府と地域政府の与党が大きく食い違う可能性が出てくる。食い違ってしまうと、前述のDHL事件のような問題も生じやすくなるとディ・ルポ政府が考えたからだ。

この日は、かつてない大規模な「選挙の日」となる。各党は選挙準備に乗り出していった。

前回第一党になりながら、「［ワロンとの］妥協は許さない」と主張して「合意」を嫌い、政権に加わらなかった新フランデレン同盟（N‐VA）が、二〇一二年の地方統一選と同様に支持されるのか。それとも「妥協」し「合意」して改革を進めた、ディ・ルポを含む社会党や他の与党が勝利するのか、注目が集まった。

N‐VAの戦略

この時期、N‐VAの側に注目する動きがあった。それは、党がめざすところを明確にしたことだ。先に記したように、N‐VAは「隠れた分離主義者」と呼ばれていた。つまりフラームス・ベラング（旧フラームス・ブロック）のように、あからさまに「ベルギー分裂」「フランデレン独立」を主張してきたわけではなかった。ただ「段階的にフランデレンの自治を高める」とだけ言っていただけで、実はそれが具体的にどのような国家のあり方を指しているのかは、はっきりしなかったのである。

しかし、「分裂」を阻止しようとするワロンと、決して妥協しない強硬な姿勢をとっていたため、ベルギーの人々には、「自治を高めたその先には、フランデレンの独立がある」とみなされていたのだ。

こうした曖昧な姿勢が一部の有識者やマスコミから批判されて、二〇一四年初頭にかけて、N‐VAは明確に自分たちのめざすところを公にした。それは「ベルギー分裂」や「フランデレン独立」ではなく、ベルギー国内でフランデレンが独立国家となる、つまり「フランデレンとワロンの国家連合」をめざすというものだった。「国家連合（confederatie）」においては、実質的な政治はフランデレンとワロンがそれぞれ行うことになろう。かつての「ベルギー共和国」に近いものだ。

これがどう有権者に受け入れられるのか、誰もわからなかった。ただ世論調査では、多少の変動はあるが、N‐VAが支持され続けた。

具体的な選挙戦は、年金や失業保険といった社会保障を分権化するかどうかを最大の争点にして進んだ。社会保障は、「豊かなフランデレン」と「貧しいワロン」をつなぐ生命線でもあり、これをどうするかは一九六〇年代以降の積年の課題である。

N‐VAは「進歩のための改革（Verandering voor Vooruitgang）」を掲げて、二〇一九年までに財源の分権化を通じて年金国家改革を進め、財政改善を実施する「プランV」を訴えた。

選挙一週間前にはCDVの元首相ジャン＝リュック・デハーネが亡くなり、カトリック政党が一時選挙活動を控えた。また、選挙前日には、ユダヤ人博物館で発砲事件が生じ観光客など三名の死者が出た。

二〇一四年連邦選挙

そうしたなかで行われた選挙の結果は、次の表の通りである。

政党名	地域	イデオロギー	議席数	前回比
N-VA（新フランデレン同盟）	フランデレン	地域主義	33	＋6
PS（社会党）	ワロン	社会民主主義	23	−3
MR（改革運動）	ワロン	自由主義	20	＋2
CDV（キリスト教民主フランデレン党）	フランデレン	キリスト教民主主義	18	＋1
OpenVLD（開かれたフランデレン自由民主党）	フランデレン	自由主義	14	＋1
SP.a（もうひとつの社会党）	フランデレン	社会民主主義	13	±0
CDH（人道的民主センター）	ワロン	キリスト教民主主義	9	±0
ECOLO（エコロ）	ワロン	環境保護	6	−2
GROEN（フローン）	フランデレン	環境保護	6	＋1
VB（フラームス・ベラング）	フランデレン	極右	3	−9
FDF（フランス語民主連盟）	ワロン・ブリュッセル	地域主義	2	＋2
PVDA/PTB（ベルギー労働者党）	ブリュッセル	共産主義	2	＋2
PP（人民党）	ワロン	保守主義	1	±0

ベルギーの連邦選挙結果

結局、N‐VAが圧勝した。さらにこの数年、ベルギーで欧州議会にもっとも多くの議員を送り込んでいたのは、ヴェルホフスタットがいた「開かれたフランデレン自由民主党（OpenVLD）」であったが、欧州議会選挙もN‐VAが勝利して、ベルギーの最大勢力となった（ちなみに、N‐VAは「親ヨーロッパ」「EU支持」を主張している。EUにおいて、フランデレンが他の国や地域と同等に扱われることをめざしている）。

逆に、今まで「フランデレン独立」を謳っていたフラームス・ベラングが凋落《ちょうらく》した。このため、隣国フランスの『ル・モンド』紙は「「「分離」を封印し」穏健化したN‐VAの勝利」と報じた。しかしそれによって、欧州各紙の多くが「また新政権ができるまでに長引くだろう」とコメントしている。さらに共産党が台頭するなど、予測不可能な状況が生まれている。

「合意」よりも選挙結果を優先して、「最多票」を獲得したN‐VAを中心に組閣し、さらなる「国家改革」を進める内閣を組織するのか、それともN‐VAをはずして、残りの政党の「合意」を優先して、穏健な「現状維持」内閣を組織するのか。また時間がかかるかもしれない。その舵取りが新国王フィリップ一世の最初の大仕事になる。

「合意の政治」と国王

生まれついての多言語国家ベルギー。その歴史は、フランデレンを立てればワロンが怒り、ワロンを立てればフランデレンが怒る。どちらかを立てれば、どちらかが怒ることを続けながら、「妥協」や「合意」によって、ベルギーという一つの国であり続けてきたことを、歴史は、そして本書は証明してきた。

そして、その「合意」の中心に立つのが国王であった。振る舞い次第で一方の言語圏の人々は失望、反発し、問題は大きくなったが、政治が袋小路に入り込んだときに政治家たちを一喝し、反発し合うフランデレンとワロンを妥協に向かわせてベルギーを守ってきたのも、また歴代の国王たちである。現代の先進民主主義国で、これほどまでに国王の個性や考え方、言動が国を揺らし続けてきた歴史をもつ国があるだろうか。

注意深く周辺国との関係を見ながら振る舞ってきたレオポルド一世。国を（自分を）豊かにしようとして対外進出に夢中になったレオポルド二世。ドイツからベルギーを守ろうとして国民を鼓舞したアルベール一世。ベルギーを守ろうとしたことが裏目に出たレオポルド三世。「ベルギー」を維持するために連邦化に邁進《まいしん》したボードゥアン一世。そして、「分裂危機」のなか、分離主義者と闘ったアルベール二世……。いずれも、どこかで言動などを間違えて一方の言語の怒りを呼び覚まし、しかし、なんとかして混乱を収めて妥協や合意を引き出そうとした国王たちである。

もちろん彼らの言動だけが原因で、言語問題が大きくなったり、収まったりしたわけではない。「はしがき」にも記したが、合意や妥協が成立し、ベルギーが一つであり続ける理由として、「国民性」というべきものも大きい。かつてヨーゼフ二世は馬鹿にしたが、祭を愛し、ビールを愛する人々だからこそ、そして自治を尊重し自由を愛する人々だからこそ、性急な結論を求めないのだ。ゆっくりと日光浴をし、ビールと食事と語らいを楽しむ。時間に追われない国民性が受け継がれている。それは、ベルギーの人々が受け継ぐ大きな歴史的財産である。合意や妥協に時間は不可欠だ。

EUの縮図ベルギー

今後のベルギーを考えるとき、いくつかの懸念材料はある。その最たるものは移民問題だろう。今やブリュッセルでは市民の四人に一人が、(子供を含めて)出自が外国であると言われる。「ヨーロッパの首都」ともなれば、多くの人が集まるのは当然である。

さらに近年はブリュッセルで犯罪の増加、治安の悪化が目立つ。移民の増加と犯罪率の上昇を結びつける根拠も道理もないが、一部の過激なグループたちは「移民増加にともない、犯罪も増えている」と訴えている。

だがベルギーは、危機を何度も経験しつつも、いつもそれを乗り切って「ベルギー」であり続けた。半年、そして一年半もの間、新政権が成立しない状況を繰り返しながら、分離主義者を排除し、「ベルギー」を保ってきた。近年の「危機」だけではない。一八三〇年の独立以来、この国はフランデレンとワロンの対立にさいなまれながら、「ベルギー」であり続けてきた。

こうしたベルギーの姿から、私たちは今後のEUのあり方を見通すことができるかもしれない。リスボン条約後、欧州理事会常任議長にベルギーの元首相ヘルマン・ファンロンパイが着任した二〇〇九年前後から、EUは強烈なユーロ危機に陥った。最大の問題になったのは、危機の発端となったギリシアの経済的支援問題であった。

ギリシアを支援するかどうか、どの程度するかなど、欧州理事会でもっとも影響力のあったメルケル首相(ドイツ)とサルコジ大統領(フランス)の意見は簡単に一致をみなかった。さらにギリシア（パパンドレウ首相）が、支援を受け入れる代償として緊縮財政政策を受け入れることに躊躇《ちゅうちょ》し（ギリシア国内での暴動などが生じ）、そうしているうちにヨーロッパ経済の停滞が世界に悪影響を及ぼしたことは記憶に新しい。

EUはリスボン条約を経て、一つの連合体としての形態を強めたかもしれない。しかし、その中身は各主権国家で構成され、経済規模も経済事情もさまざまである。支援は当然必要だが、支援する側にも、受け入れる側にも難色を示すものがいる。こうした多様性から生まれる内的な対立は、筆者から見れば、まさしくベルギーが、建国以来フランデレンとワロンの対立という形で経験してきたものと似ている。

ギリシア支援の問題は、ファンロンパイが妥協案を提示してメルケルとサルコジを納得させたと聞く。もちろんファンロンパイだけが功労者というわけではない。しかし、対立した構成国のトップを妥協させて支援させたのが、ベルギー出身者だったというのは象徴的である。

ユーロ危機を経て、EU内部では一部が「政治連合のプロセスは一区切りついたが、ならば、次はどのような政治連合をめざすかが課題だ」と議論し始めている。一方では、ユーロ危機を繰り返さないような経済金融の規律を強化しようという主張もあれば、他方で、欧州委員会委員長と欧州理事会常任議長を一つにして、強い政治的リーダーシップを先に作り上げるべきだという意見もある。状況次第で、EUのゆくえもまだまだ議論されていく可能性がある。EUであり続けるために。

ベルギーも、選挙のたびに右往左往しながら、悩みながら、時間をかけて議論されていくだろう。ベルギーでありつづけるために。

あとがき

ベルギーの現代政治研究を少しかじった程度の知識しかもたぬ私が、まさか大学生時代に講義に出席していた先生も著者として名を連ねておられる、中公新書の『物語 ○○の歴史』シリーズを執筆することになるとは、夢にも思わなかった。

私とベルギーの出会いは、もともと会社勤めをしていたころに、ベルギーの企業との取引話があったことがきっかけである。そのときはベルギーという国の名前くらいしか知らなかった。「ベルギー語ってあるのか？」と部下に尋ねていた。まだベルギー・ビールもワッフルもそれほど流行《はや》っていなかったころの話である。

その仕事の関係で、ベルギーの医療行政や福祉行政の仕組みを調べ始めたのだが、当時はまだ邦文文献が少なく、「多言語」の資料と格闘し始めた。その過程で「なぜこの国がひとつなのだろうか。いや、本当にひとつの国といえるのだろうか」とも感じた。そこからベルギーの政治に関心をもった。退職し、大学院に進学し、ベルギー政治と向き合う私の「苦悩」が始まった。

大学院を出て、「分裂危機」を題材にして「ヨーロッパ政治史」などを大学で講義するようになってから、改めて「歴史」を知る必要性を痛感した。ヨーロッパの国々が抱えた苦悩の歴史、その「重み」を、学生たちにわかりやすく伝えることは難しかった。

当たり前のことなのだが、長い苦悩の歴史があって、今がある。その歴史を無視して、現代を語ることはできない。「自分の言葉で語れるように」ともう一度歴史を学び直した。その成果が本書である。浅学ゆえに勉強したかったのだ。もし私のような若造が由緒あるこのシリーズを執筆することに対してお怒りの諸先輩方がいらっしゃれば、私の「学び直したかった」という熱意に免じて、お許しいただきたい。

本書の執筆にあたっては、第一に「物語」であることを重視した。当然だが、学術論文ではない。歴史を描写するなかで、何を描き、何を描かないかの取捨選択を判断するとき、「物語」としての面白さを基準に執筆を進めた。その結果、おそらく今後のベルギーの展開を考えるときに無視できないドイツ語圏の問題、近年話題となった安楽死の問題など、重要な問題について触れていないことをお許しいただきたい。

書き始めてみると、「知っているつもり」だったことを「実は知らなかった」ことに気づいて、自らの無知を嘆いた。何度もベルギーに渡って文献を調べた。オリジナリティある新しいベルギー史にはならず、多くを自分のものを含む先行研究に負った。苦悩の執筆だった。結局得たことは「まだまだ勉強しなければならない」という反省だけだ。こうして進めてきたこの仕事が、果たして「物語」として面白いものになっているかどうか。その判断は、読者の方々に委《ゆだ》ねることにする。

なお、二〇一四年五月の選挙後、まだひと月もたたないが、ベルギーの新政権交渉は、すでにいろいろとトラブルが報じられている。これについてはきりがないので、後日刊行される『多層化する国家・ベルギー』（仮）に詳しく記すことにする。まだまだベルギーの苦悩は続きそうだ。

本書の構想は、ルーヴェン大学教授であるデミトリ・ヴァンオーヴェルベーク先生との友情なくして生まれることはなかった。変わらぬ友情に感謝する。また、現地で数多くの史料に触れることができたのは、科学研究費補助金（基盤C）「ベルギー連邦化改革の『意図せざる結果』」（研究課題番号　二四五三〇一四四）（研究代表者　松尾秀哉）、および同（基盤B〔海外学術調査〕）「マルチレベル・ガバナンス化するヨーロッパの民主的構造変化の研究」（研究課題番号　二三四〇二〇一九）（研究代表者　小川有美）による研究支援のお蔭である。ご採択いただいた審査員の先生方に御礼申し上げる。

執筆しながら、そもそも「ヨーロッパ史」に対する関心の種は、大学院進学の時から蒔《ま》かれていたことに気がついた。蒔いていただいたのは、指導教官の高橋直樹先生である。本書においても中世に関する参考文献を教えていただいたり、私に欠けている視点をご指摘いただいたりした。先生と過ごす時間は、今なお私にとって貴重な時間である。変わらぬご指導に感謝するとともに、本書が先生の意に沿うものであることを願っている。

また、私にとって歴史執筆のお手本である君塚直隆先生は、本書のもとになる企画を、中央公論新社にご紹介いただいた。君塚先生と出会わなければ、本書が世に出ることはなかった。感謝したい。そして、いつかは君塚先生のような歴史の語り部となれるよう精進したい。

本書の構想と主要な部分の執筆は、前任校である聖学院大学奉職時に行った。当時の学務、研究、執筆を支えていただいた阿久戸光晴前学長、姜尚中現学長、標宣男前副学長に心から感謝する。

また、本書の修正、入稿、校正作業は北海学園大学法学部に移籍してから行うことになった。前法学部長の樽見弘紀先生、現法学部長の草間秀樹先生には、着任前後、右も左もわからず、いろいろとご迷惑をおかけしたと思う。にもかかわらず、今、執筆の時間を十分にいただけていることに感謝したい。新しい仲間として受け入れていただいた法学部の先生方、特に本田宏先生、若月秀和先生、山本健太郎先生、そして田口晃先生に、改めて感謝の意を記したい。

何より、本書は、聖学院大学の学生たちとの対話がなければ生まれなかったし、北海学園大学の学生たちとの質疑が本書の内容を膨らませてくれた。両大学を始め、さまざまな場で出会った学生諸君に最大の謝辞を贈りたい。

中央公論新社の白戸直人氏は、私の心に潜んでいた歴史に対する関心を引きだし、本書の企画を紹介してくれた。また私の癖のある文体を、飽きずに直してくれた。担当の上林達也氏は、何度も何度も赤入れしながら、軌道修正を行ってくれた。きっと彼は疲れただろうが、私には、彼との修正作業自体が楽しく感じられた。もし許してもらえるのであれば、また何かご一緒させていただきたく願っている。また、本書の校正にかかわっていただいた他の方々にも、この場を借りて御礼申し上げる。

私事にわたり恐縮だが、本書執筆中に、大切な方をお二人も天国に見送った。お一人は会社勤めの時の上司であった金森宗衛氏である。金森さんには、仕事に「手を抜くな」と、とてつもなく厳しく叱られた。しかし精一杯努力すれば、失敗も許し、フォローしていただいた。何よりご自身に厳しい方であった。今の私にとって「何事にも全力を尽くせ」という彼のメッセージは、教育の場でも、研究の場でも、大切なモットーになっている。私に彼の心を受け継ぐ資格などないが、突然のお別れで直接お礼を申し上げることができなかったので、せめてこの場で感謝を伝えたい。

金森さんを見送っておよそ一週間後に、長年脳腫瘍と闘ってきた親友の磯部健一君を見送った。彼は理系出身のビジネスマンで、研究者というわけではなかった。しかし、ちょうど私が「ヨーロッパ政治史」を講義し始めたころ、闘病しつつもまだ元気だった彼は、ほぼ毎週のように講義後の「反省会」に付き合ってくれた。学生たちに難しかった部分を、「松尾さん、ここは話の組み立てを変えたほうがいいよ」などとアドバイスしてくれた。研究者ではない視点だからこそ有益だった。彼のアドバイスは、本書の至るところにちりばめられている。

思い出すと、今も涙が止まらない。もう一度一緒に「富士本」で味噌煮込みうどんを食べたかった。どうぞ安らかに。ご遺族に慰めがありますように。本書をご霊前に捧げる。

最後に、少し距離が離れてしまったが、いつも静かに見守ってくれている父母、松尾吉郎・良子、義父母、門弘己・嘉代子、困った時に支えてくれる弟夫婦の門洋孝・三宝子に感謝したい。そして突然札幌に連れてきてしまい、引っ越しなどで疲れさせてしまったが、いつも明るく、決して不満の一つも漏らすことなく支えてくれる妻、香里に感謝の言葉を記したい。いつもありがとう。

二〇一四年六月九日　義弟、門政宏君の命日に

松尾　秀哉

†写真

アフロ……10, 30, 57, 64, 108, 127, 147, 171, 185, 205, 209
『Belgium and the Monarchy: From National Independence to National Disintegration』
……45, 70, 89, 103
Bundesarchiv, Bild 183-39998-0427 / CC-BY-SA……130
Bundesarchiv, Bild 146-1974-061-61 / Pfitzner / CC-BY-SA……112

du peuple, le comportement électoral au scrutin de 10 juin 2009, Editions de l'Université de Bruxelles.
Dujardin, Vincent (1995) *Gaston Eyskens tussen Koning en regent*, Meulenhoff.
Erk, Jan, and Wilfried Swenden eds. (2010) *New Directions in Federalism Studies*, Routledge.
Eyskens, Gaston (1988) *Het laaste gesprek, Herinneringen aan 40 jaar politieke leven, Een interview van Jozef Smits*, De Nederlandsche Boekhandel.
Eyskens, Gaston, en Jozef Smits (1994) *Gaston Eyskens, de memoires*, Lannoo.
Eyskens, Gaston (1983) "De functie van eerste minister in België in de periode 1945-1975.," *Res publica*, 25-4, pp.553-552.
Fogarty, Michael P. (1957) *Christian Democracy in Western Europe*, 1820-1953, Routledge & Kegan Paul.
Haine, Malou (1980) *Adolphe Sax (1814-1894), Sa vie, son œuvre et ses instruments de musique*, Editions de l'Université de Bruxelles.
Harmel, Pierre, entretiens avec Jean-Claude Ricquier (1993) *Temps forts*, Racine.
Hino, Airo (2012) *New Challenger Parties in Western Europe. A Comparative analysis.* Routledge.
Hislaire, Jacques (1971) *Gaston Eyskens, le sceptisme qui soulève les montagnes*, Éditions Labor.
Hooghe, Marc, Bart Maddens, Jo Noppe (2005) "Why parties adapt: Electoral reform, party finance and party strategy in Belgium," *Electroral Studies*, pp.1-18.
Irving, R.E.M. (1979) *The Christian Democratic Parties of Western Europe*, Allen & Urwin.
Lamberts, Emiel (1997) *Christian Democracy in the European Union, 1945-1995*, Leuven University Press.
Laporte, Christian (1999) *L'affaire de Louvain, 1960-1968*, De Boeck & Larcier.
Lijphart, Arend (1977) *Democracy in Plural Societies: A Comparative Exploration*, Yale U. P.
Lijphart, Arend (1981) "Consociational Theory: Problems and Prospects," *Comparative Politics*, vol. 13, no. 3, pp. 355-360.
Méan, André (1989) *La Belgique de papa, 1970, le commencement de la fin*, De Boeck Université.
Neuville, Jean, Jacques Yerna (1990) *Le Choc de l'Hiver 60-61, Les grèves contre la loi unique*, Politique et Histoire.
Polasky, Janet (1995) *The Democratic Socialism of Emile Vandervelde, Between Reform and Revolution*, Berg.
Rodney, Walter (2012) *How Europe Underdeveloped Africa*, Pambazuka Press.
Sägesser, Caroline (2009) *Introduction à la Belgique fédérale*, CRISP.
Stuyck, Raymond (1973) *Vanden Boeymants: boeman? superman?*, Banana Press.
Tyssens, Jeffery (1997) *Guerre et Paix Scolaires 1950-1958*, De Boeck Université.
Van Hecke, Steven, Emmanuel Gerard (2004) *Christian Democratic Parties in Europe since the End of the Cold War*, Leuven University Press.

065605.pdf)
湯浅誠『反貧困――「すべり台社会」からの脱出』岩波新書、2008年
『リスボン条約』小林勝訳、御茶の水書房、2009年
レオ十三世『レールム・ノヴァルム――労働者の境遇』岳野慶作訳、中央出版社、1961年
若林広「ベルギー国家の再編――政党政治の変容期における最近の展開」『東海大学教養学部紀要』第38号、2007年、229-243ページ
若松隆・山田徹編著『ヨーロッパ分権改革の新潮流――地域主義と補完性原理』中央大学出版部、2008年

Aermoudt, Rudy (2007) *Bruxelles L'enfant Mal Aime*, VIF.
Asbridge, Thomas (2004) *The First Crusade, A New History*, Oxford University Press.
Ascherson, Neal (2001) *The King Incorporated: Leopold the Second and the Congo.* Granta Books.
Autesserre, Séverine (2010) *The Trouble with Congo*, Cambridge U.P.
Beaufays, Jean et Geoffory Matage éd. (2009) *La Belgique En Mutation. Systèms politiques et Politiques publiques (1968 - 2008)*, Bruylant.
Beke, Wouter (2005) *De Christelijke Volkspartij 1945-1968 De ziel van een zuil.* KADOC.
Billiet, Jaak ed. (1988) *Tussen bescherming en verovering. Sociologen en historici over verzuiling*, Universitaire Pers Leuven.
Brans, Marleen, Lieven de Winter, and Wilfried Swenden eds. (2009), *The Politics of Belgium, Institutions and policy under biopolar and centrifugal federalism*, Routledge.
Cammaerts, Emile illustrated with cartoons by Louis Raemaekers (1917) *Through the iron bars : two years of German occupation in Belgium*, J. Lane.
Cammaerts, Emile (1924) *The treasure house of Belgium : her land and people, her art and literature*, Macmillan.
Cammaerts, Emile (1935) *Albert of Belgium : defender of right*, Nicholson and Watson.
Cammaerts, Emile with a preface by Sir Roger Keyes (1941) *The prisoner at Laeken : King Leopold : legend and fact*, Cresset Press.
Claus, Hugo translated from the Dutch by Arnold J. Pomerans (1983) *The Sorrow of Belgium*, Penguin Books.
Comte Louis de Lichtervelde, translated by Thomas H. Reed, H. Russell Reed, (2004) *Leopold of the Belgians*, Kessinger Publishing.
Coolsaet, Rik (2002) *La Politique Extérieure de la Belgique*, De Boeck Université.
Dandoy, Régis, Geoffroy Natagne et Caroline Van Wynsberghe eds. (2013) *Le Fédéralisme Belge*, Academia-L' Harmattan.
Delwit, Pascal ed. (2005) *Les partis régionalistes en Europe. Des acteurs en développement ?,* Editions de l'Université de Bruxelles.
Delwit, Pascal et Jean-Michel De Waele (1998) *Les Présidents de parti respondent*, Éditions Labor.
Delwit, Pascal, Jean-Benoit Pilet, Émilie Van Haute edit. (2011) *Les partis politiques en Belgique*, Editions de l'Université de Bruxelles.
Deschouwer, Kris, Pascal Delwit, Marc Hooghe, Stefaan Walgrave ed. (2010) *Les voix*

長谷川博隆『カエサル』講談社学術文庫、1994年
バーバラ・W・タックマン『八月の砲声』(上・下) 山室まりや訳、ちくま学芸文庫、2004年
浜林正夫『世界史再入門——歴史のながれと日本の位置を見直す』講談社学術文庫、2008年
フローラ・ルイス『ヨーロッパ——統合への道(上)』友田錫訳、河出書房新社、1990年
Bunkamura ザ・ミュージアム「栄光のアントワープ工房と原点のイタリア」2013年(http://opera-cat.net/Rubens.pdf)
堀越孝一『中世ヨーロッパの歴史』講談社学術文庫、2006年
マイケル・シーゲル『サキソフォン物語——悪魔の角笛からジャズの花形へ』諸岡敏行訳、青土社、2010年
松尾秀哉「キリスト教民主主義政党の『調停の政治』メカニズム——ベルギーにおける初期福祉国家改革期のカトリック党の党内政治過程」国際関係論研究委員会『国際関係論研究』15号、2000年、59-85ページ
松尾秀哉「人口の大都市集中(都市化)と民族紛争——ベルギー型多文化主義から考える現代ヨーロッパ社会の抱えるリスク」聖学院大学総合研究所編『聖学院大学総合研究所紀要』43号、2008年、397-424ページ
松尾秀哉「君主の政治的機能とベルギーの分裂危機——君主支配と市民の抵抗の相克」現代の理論編集委員会編『現代の理論』21号、明石書店、2009年、191-200ページ
松尾秀哉「ベルギー分裂危機とブリュッセル周辺域の民族問題——『国家政治の縮図』から『都市政治の復権』へ」日本比較政治学会編『日本比較政治学会年報　都市と政治的イノベーション』12号、ミネルヴァ書房、2010年
松尾秀哉『ベルギー分裂危機——その政治的起源』明石書店、2010年
松尾秀哉「ナショナルなユニットの変容の中で——ベルギー分裂危機と合意型民主主義」田村哲樹・堀江孝司編『模索する政治——代表制民主主義と福祉国家のゆくえ』ナカニシヤ出版、2011年
水島治郎「西欧キリスト教民主主義——その栄光と没落」日本比較政治学会編『現代の宗教と政党——比較のなかのイスラーム』日本比較政治学会年報第4号、早稲田大学出版部、2002年
三須拓也「コンゴ危機の史的背景——レオポルド二世とベルギー領コンゴ」札幌大学『経済と経営』第42巻1号、2011年
三須拓也「コンゴ危機を巡る国連政治とパトリス・ルムンバの暗殺」札幌大学『経済と経営』第43巻1号、2012年、51-81ページ
三竹直哉「連邦制ベルギーの国家とアイデンティティ」日本国際政治学会編『エスニシティと EU』季刊国際政治110号、有斐閣、1995年、114-127ページ
三田順「多言語国家ベルギーにおける文学史の諸相——脱構築的視点から見る「ベルギー文学史」の可能性——」2011年度神戸大学異文化研究交流センター(IReC)研究報告書、2012年、41-54ページ
村瀬興雄『アドルフ・ヒトラー——「独裁者」出現の歴史的背景』中公新書、1977年
百瀬宏編『ヨーロッパ小国の国際政治』東京大学出版会、1990年
山田邦夫「諸外国の王位継承制度——各国の憲法規定を中心に」国立国会図書館『リファレンス』2005年(http://www.ndl.go.jp/jp/diet/publication/refer/200509_656/

有斐閣、2006年
君塚直隆『ベル・エポックの国際政治――エドワード七世と古典外交の時代』中央公論新社、2012年
クシシトフ・ポミアン『ヨーロッパとは何か――分裂と統合の1500年』松村剛訳、平凡社ライブラリー、2002年
ゲルハルト・レームブルッフ『ヨーロッパ比較政治発展論』平島健司編訳、東京大学出版会、2004年
小島健『欧州建設とベルギー――統合の社会経済史的研究』日本経済評論社、2007年
篠原一編『連合政治――デモクラシーの安定を求めて』（Ⅰ・Ⅱ）岩波書店、1984年
ジャン・モネ『ジャン・モネ　回想録』近藤健彦訳、日本関税協会、2008年
ジョゼフ・ギース／フランシス・ギース『大聖堂・製鉄・水車――中世ヨーロッパのテクノロジー』栗原泉訳、講談社学術文庫、2012年
ジルベール・トラウシュ『ルクセンブルクの歴史――小さな国の大きな歴史』岩崎允彦訳、刀水書房、1999年
田口晃・土倉莞爾編著『キリスト教民主主義と西ヨーロッパ政治』木鐸社、2008年
武居一正「ベルギーにおける言語的少数者保護」『福岡大学法学論叢』47巻１号、2002年、39-65ページ
武居一正「BHV 選挙区分割の憲法的問題点」立命館大学政策科学会『政策科学』13巻３号、2006年、93-117ページ
武居一正「ベルギーの政変 crise politique（2010年-2011年）について：その憲法的問題点を中心に」『福岡大学法学論叢』56巻４号、2012年、363-413ページ
田原幸夫『世界遺産　フランダースのベギナージュ――甦る中世のミニチュア都市』彰国社、2002年
津田由美子「マンの労働プランをめぐる政治協力の可能性――1930年代危機におけるベルギーのキリスト教民主主義と社会主義」姫路獨協大学法学部『姫路法学』25・26号、1999年、199-232ページ
津田由美子「ベルギーの柱状化に関する一考察――第一次大戦前の組織化過程を中心に」姫路獨協大学法学部『姫路法学』31・32号、2001年、297-336ページ
デミトリ・ヴァンオーヴェルベーク「ベルギー国憲法の運用と実態の発展：君主制度に於ける法と慣習」、『憲法論叢』８号、2002年、27-54ページ
利根川由奈「「剽窃」に宿るオリジナリティ――ベルギーのシュルレアリスムにおける印象主義――」第61回美学会全国大会、若手研究者フォーラム発表報告集（http://www.kwansei.ac.jp/human/bigaku/bigaku61/wakate/）
中村俊春「ペーテル・パウル・ルーベンス：絵画と政治の間で（Abstract）」京都大学博士論文（http://repository.kulib.kyoto-u.ac.jp/dspace/bitstream/2433/143762/1/ybunr00504.pdf）
中屋宏隆「シューマン・プラン交渉過程からみるヨーロッパ石炭鉄鋼共同体設立条約調印の意義（1）」京都大学経済会『経済論集』第179巻第５・６号、2007年、420-434ページ
成瀬治『近代ヨーロッパへの道』講談社学術文庫、2011年
日本・ベルギー協会『日本・ベルギー協会30年のあゆみ　1969～1999』日本・ベルギー協会、1999年
橋口倫介『十字軍騎士団』講談社学術文庫、1994年

The Athlone Press.
Leterme, Yves, in gesprek met Filip Rogiers (2006) *Leterme uitgedaagde*, Lannoo.
Marks, Sally (2010) *Paul Hymans Belgium*, HAUS Publising, LTD.
Martens, Wilfried (2006) *Mémoires pour mon pays*, Racine.
Samyn, Steven en Tine Peeters red. (2011) *De Gevangenen van de Wetstraat*, Borgerhoff & Lamberigts.
Spaak, Paul-Henri (1969) *Combats inachevés - De l'Indépendance à l'alliance*. Brussel Fayard.
Tindemans, Leo (2002) *De Memoires Gedreven door een overtuing*, Lannoo.
Van de Woestyne, Francis (2011) *Elio Di Rupo*, Racine.
Van Rompuy, Herman (2013) *Haiku 2*, Poëzie Centrum.

†一般書など
アイバンホー・ブレダウ編『ヒトラー語録』小松光昭訳、原書房、2011年
アンリ・ピレンヌ『ヨーロッパ世界の誕生——マホメットとシャルルマーニュ』増田四郎監修、中村宏・佐々木克巳訳、創文社、1960年
五十嵐修『地上の夢　キリスト教帝国——カール大帝の〈ヨーロッパ〉』講談社選書メチエ、2001年
石部尚登『ベルギーの言語政策——方言と公用語』大阪大学出版会、2009年
岩本和子『周辺の文学——ベルギーのフランス語文学にみるナショナリズムの変遷』松籟社、2007年
岩本和子・石部尚登編『「ベルギー」とは何か?——アイデンティティの多層性』松籟社、2013年
犬童一男・山口定・馬場康夫・高橋進編『戦後デモクラシーの変容』岩波書店、1991年
ヴィジャイ・プラシャド『褐色の世界史——第三世界とはなにか』粟飯原文子訳、水声社、2013年
ウィルフリード・スウェンデン『西ヨーロッパにおける連邦主義と地域主義』山田徹訳、公人舎、2010年
臼井陽一郎・松尾秀哉共編『紛争と和解の政治学』ナカニシヤ出版、2013年
大島美穂編『国家・地域・民族』(EUスタディーズ3) 勁草書房、2007年
大矢芽衣子「バロックに生きたルーベンス」神奈川大学人文学会、Plus i, No.6, 2010年 (http://human.kanagawa-u.ac.jp/gakkai/student/pdf/i06/P118-124.pdf)
岡田暁生『西洋音楽史——「クラシック」の黄昏』中公新書、2005年
カエサル『ガリア戦記』近山金次訳、岩波文庫、1942年
梶田孝道『エスニシティと社会変動』有信堂高文社、1988年
河崎靖、クレインス・フレデリック『低地諸国(オランダ・ベルギー)の言語事情——ゲルマンとラテンの間で』大学書林、2004年
河原温『中世フランドルの都市と社会——慈善の社会史』中央大学出版部、2001年
河原温『ブリュージュ——フランドルの輝ける宝石』中公新書、2006年
ギボン『ローマ帝国衰亡史』中野好夫訳、筑摩書房、1975年
君塚直隆『女王陛下のブルーリボン——ガーター勲章とイギリス外交』NTT出版、2004年
君塚直隆『パクス・ブリタニカのイギリス外交——パーマストンと会議外交の時代』

Kossmann, Ernst Heinrich（1978）*The Low Countries 1780-1940*, Oxford U.P.
Markland, Russell ed. with a preface by Emile Cammaerts（1915） *The glory of Belgium : a tribute and a chronicle*, Erskine Macdonald.
Meynaud, Jean, Jean Ladrier et François Perin（1965）*La Decision Politique En Belgique, le pouvoir et les groupes, C.R.I.S.P.*, Libraire Armand Colin.
Pirenne, Henri（1900）*Histoire de Belgique : des origines au commencement du XIVe siècle*. Henri Lamertin.
Stallaerts, Robert（2010）*The A to Z of Belgium*, Scarecrow Press.
Van den Wijngaert, Mark, Lieve Beullens, Dana Brants（2000）*België en Zijn Koningen*, Houtekiet.
Van Goethem, Herman（2010）*Belgium and the Monarchy*, UPA.
Witte, Els, Jan Craeybeckx（1985）*La Belgique Politique de 1830 à Nos Jours*, Éditions Labor.
Witte, Els, Jan Craeybeckx（2000）*Political History of Belgium From 1830 onwards*, VUB Press.
Witte, Els, Jean-Pierre Nandrin, Eliane Gubin, et Gita Deneckere（1971）*Nouvelle histoire de Belgique : Volume 1, 1830-1905*, Editions Complexe.

†回想録・伝記

ウィンストン・チャーチル『第二次大戦回顧録（抄）』毎日新聞社編訳、中公文庫、2001年
W・S・チャーチル『第二次世界大戦』（1～4）佐藤亮一訳、河出書房新社、2001年

Avermaete, Roger（1964）*Rubens & son temps*, Editions Brepols.
Carton de Wiart, Henri（1917）*La Politique De L'Honneur*, Bloud&Gay.
Carton de Wiart, Henri（1945）*Beernaert et son temps*. La Renaissance du livre.
Champney, Elizabeth, Frére Champney（1915）*Romance of Old Belgium, from Cæsar to Kaiser*, Bibliobazaar.
Cools, Kathleen（2010）*In de Wereld van Herman Van Rompuy*, Borgerhoff & Lamberigts.
Dehaene, Jean-Luc（2012）*Memoires*, Uitgeverij van Halewyck.
De Maeyer, Jan（1994）*Arthur Verhaegen, 1847-1917 : de Rode Baron*, Universitaire Pers Leuven.
De Man, Paul Henri（1935）*L'Idée Socialiste Plan de Travail*, L'églantine.
De Vadder, Ivan（2008）*Het Koekoeksjong, Het Begin Van Het Einde Van Belgie*, Uitgeverij van Halewyck.
De Wever, Bart（2008）*Het Kostbare Weefsel Vijf Jaar Maatschappijkritiek*, Uitgeverij Pelckmans.
De Wever, Bart（2011）*Werkbare warden*, Uitgeverij Pelckmans.
Di Rupo, Elio（2008）*Être socialiste aujourd' hui*, luc Pire.
Dujardin, Vincent et Michel Dumoulin（1995）*Paul Van Zeeland 1893-1973*, Racine.
Dumoulin, Michel（1999）*Spaak*, Racine.
Godfrey（de Bouillon）（2012）*Godefroy De Bouillon...*, Nabu Press.
Hermans, Theo（1992）*The Flemish Movement, A Documentary History, 1780-1990*,

主要参考文献

†通史・辞典・資料集など

阿部照哉・畑博行編『世界の憲法集』第四版、有信堂高文社、2009年

網谷龍介・伊藤武・成廣孝編『ヨーロッパのデモクラシー（改訂第2版）』ナカニシヤ出版、2014年

石塚さとし『ベルギー・つくられた連邦国家』明石書店、2000年

磯見辰典・黒沢文貴・櫻井良樹『日本・ベルギー関係史』白水社、1989年

小川秀樹『ベルギー——ヨーロッパが見える国』新潮選書、1994年

栗原福也『ベネルクス現代史』山川出版社、1982年

ジョルジュ＝アンリ・デュモン『ベルギー史』村上直久訳、白水社、1997年

津田由美子・吉武信彦編著『北欧・南欧・ベネルクス』ミネルヴァ書房、2011年

デヴィッド・B. バレットほか編『世界キリスト教百科事典』竹中正夫訳、教文館、1986年

馬場康雄・平島健司編『ヨーロッパ政治ハンドブック』東京大学出版会、2000年

見田宗介・栗原彬・田中義久編『社会学事典』縮刷版（第8刷）、弘文堂、2002年

森田安一編『スイス・ベネルクス史』山川出版社、1998年

Avermaete, Roger (1983) *Nouvelle histoire de Belgique*, Bruxelles.

Beernaert, Auguste Marie François, Edouard van de Smissen and King of the Belgians 1835- Léopold II (1920) *Léopold II et Beernaert Volume 2: d'après leur correspondance inédite de 1884 à 1894*, University of California Libraries.

Beernaert, Auguste Marie François, Edouard van de Smissen and King of the Belgians 1835- Léopold II (2012) *Léopold II et Beernaert Volume 1: d'après leur correspondance inédite de 1884 à 1894* (French Edition), Ulan Press.

Belien, Paul (2005) *A Throne in Brussels, Britain, the Saxe-coburgs and the Belgianisation of Europe*, Imprint Academic.

Cammaerts, Emile (1921) *Belgium from the Roman invasion to the present day*, T. Fisher Unwin.

Coolsaet, Rik (2011) *België En Zijn Buitenlandse Politiek 1830-2000*, Uitgeverij van Halewyck.

Delwit, Pascal (2009) *La vie politique en Belgique de 1830 à nos jours*, Editions de l'Université de Bruxelles.

Deschouwer, Kris (2009) *The Politics of Belgium, Governing a Divided Society*, Palgrave Macmillan.

Dujardin, Vincent, Michel Dumoulin, Mark Van den Wijngaert, et Emmanuel Gerard (2006) *Nouvelle Histoire de Belgique : Volume 2, 1905-1950*, Editions Complexe.

Dumont, George-Henri (2010) *Histoire de la Belgique*, Le CRI.

Fitzmaurice, John (1996) *The Politics of Belgium, a Unique Federalism*, Hurst & Company.

Gaus, Helmut ed. (1989) *Politiek Biografisch Lexicon*, Standaard Uitgeverij.

Hasquin, Hervé (2000) *Dictionnaire d'Histoire de Belgique*, Didier Hatier.

	デレン同盟が第一党となる
	7 ベネディクト16世教皇の声明が発表され，9月にカトリック教会に対する調査が実施されて過去の事件隠蔽が発覚し，ベルギー全土が騒然となる
	11 ベルギー，ドイツ，オランダのテロ計画者が十数名逮捕される
	12 政権が決まらないことに対する抗議デモが発生する
	12 記録的な大雪
2011	1「ベルギー統一」を求めるデモ
	2 従来の政治空白の長期記録を更新.「フリッツ・デモ」が生じる
	4「無政府一周年」を批判するデモ
	7 独立記念日にアルベール2世が無政府状態をテレビで一喝
	8 台風被災
	8 ベルギー，フランス，イタリア，スペインの中央銀行が銀行再建策．金融緩和策へ舵を切る
	12 ディ・ルポ首相による社会党ほか6党連立内閣の成立
2012	1 性愛事件を起こした司祭らに賠償命令
	1 フィッチ・レーティング社，ベルギー国債の格下げ発表
	7 BHV選挙区の分割法成立
	8 ドュトルーの前妻が釈放となる
	10 鉄道の解雇，社会保障切り下げに対する24時間ストライキ（翌月にはヨーロッパ労連の主導で再びストライキ）
	11 地方統一選．緑の党や新フランデレン同盟が躍進し，党首バルト・デ・ウェヴェールがアントワープ市長になる
2013	1 ディ・ルポ首相，ファビオラ前妃の脱税を叱責
	4 最後の男子ベギン会修道士死亡
	5 ノーベル化学賞受賞者クリスチャン・ド・デューブが安楽死
	7.3 アルベール2世が，21日（独立記念日）をもって退位することを発表
	7.21 フィリップ1世が即位
	10 フランソワ・アングレールがノーベル物理学賞を受賞
	12 欧州理事会，破綻処理メカニズムの大枠で合意
	12 共同体・地域への財政権限移譲が進む
2014	2 安楽死対象年齢の拡張の是非に対する議論が開始
	4 雇用問題でデモ隊と警察が衝突

（『The A to Z of Belgium』等をもとに筆者作成）

	6 連邦選挙でカルテルを組んだキリスト教民主フランデレン党と新フランデレン同盟が勝利．この後，約半年政権が組めず
	7 ルテルム，組閣担当者に指名されるが，財源の分割で合意できず，8月に辞任．その後ファンロンパイが調停者に指名される
	8 テレビのアンケートでフランデレンの人々のうち40%が「フランデレン独立」を支持と発表される
	9 再びルテルムが組閣担当者に
	11 フランデレンの議員からBHV分割の要求が高まる
	12 政府の行動に対するデモなど生じ，ルテルム辞任．国王はヴェルホフスタットを組閣担当者に指名し，彼を首相，ルテルムを副総理とする暫定内閣が成立
2008	3 ホロコーストの犠牲者に対する補償を発表
	3 ルテルムによる5党連立内閣成立（9ヵ月で辞任）
	6 燃料高騰に反対する漁師のデモ．その後タクシー運転手，トラック運転手，農家に拡大
	7 ルテルム，国家改革を進められず辞任を申し出るも，国王慰留
	9 ベルギー，オランダ，ルクセンブルク政府，フォルティス銀行の買収を検討
	11 ビール会社，インベブ社がアンハイザー社を買収．世界最大規模のビール会社となる
	12 フォルティス銀行問題でルテルム辞任し，後任にヘルマン・ファンロンパイが指名される
	12 おおみそかイベントがテロ防止のため中止
2009	6 タンタン記念館開設
	9 フランデレンの公立学校で宗教的シンボルの使用禁止
	11 ファンロンパイ，初代欧州理事会常任議長に就任することが決まる
2010	1 アンハイザー社，ベルギー工場閉鎖．自動車メーカーGM，ヨーロッパ工場を縮小（ベルギーでは，アントワープ工場で2,300人が解雇）
	3 テロ対策のため，公の場でムスリム系女性がスカーフを着用することを禁じる
	4 BHV問題で政府内に亀裂．自由党が連立離脱を表明し，ルテルム内閣総辞職
	4 司祭等の幼児性愛が発覚し，司教が辞任表明
	6 連邦選挙で，フランデレン分離・独立を主張する新フラン

	ン会議で終了)
	9 人民同盟,解党を宣言
2002	ユーロ導入
	5 安楽死法成立
	6 リリアン死去.ナチス占領下のユダヤ人に対する賠償支払いに合意
2003	1 同性愛者の結婚を認める
	2 イラク戦争に対する抗議デモ(50,000人規模)
	4 仏独,ルクセンブルクのリーダーと共同でアメリカのイラク攻撃を非難
	5 DHL騒音問題で連邦政府閣僚辞任
	5 連邦議会選挙.ヴェルホフスタット率いるフランデレン自由党,ワロン社会党が躍進.与党だった環境政党が低迷し第2次ヴェルホフスタット政権へ(7月)
2004	6 フランデレン地域議会選挙で,野党だったキリスト教民主フランデレン党が,新フランデレン同盟と連携して勝利.イヴ・ルテルムが地域政府首相になる
2005	2 NATO首脳会談がブリュッセルで開催.ソビエト時代のウクライナにおける兵器を廃棄する12年計画を発表
	5 ヴェルホフスタット連邦内閣がBHV問題の処理に失敗したことを受け,ルテルム・フランデレン政府首相がBHV分割を宣言
	9 セウニス神父が1994年のルワンダ大虐殺にかかわっていた疑惑で逮捕される
2006	1 ヴェルホフスタット首相,訪米
	1 国王アルベール2世,新年のスピーチで分離主義を批判.この後,国王の政治における役割や共和政導入論議が起きるようになる
	2 連邦議会が欧州憲法条約を認める
	5 アントワープでベルギー人がトルコ系移民を殺害する.翌年犯人は死刑を宣告される
	10 世論調査でヴェルホフスタット内閣,人気低迷.極右,反移民政党が支持される
	12 ドイツの自動車メーカー,フォルクスワーゲン社ベルギー工場のリストラに反対する15,000人規模のデモ
	12 フランス語国営放送RTBFが「フランデレンが独立した」との架空の臨時ニュースを放送し,一時騒然となる
2007	2 第二次世界大戦中のホロコーストに協力した当時のエリートを批判する報告書が提出される

1995	1 ブラバント州をフラームス・ブラバント州とワロン・ブラバント州に分割．BHV問題が政治化 デハーネ内閣総辞職，5月総選挙．第2次デハーネ内閣成立 10 イタリア・アウグスタ社からの贈収賄発覚で社会党混乱
1996	8 ドュトルー，再逮捕．司法，警察への不満高まる 10 白の行進 12 司法改革プラン（聖ニコラ・プラン）の検討
1997	2 フォルジュ・ドュ・クラベク社倒産で，政府介入を求め，35,000人規模のデモ 2 ルノー社，ヴィルヴォールデ工場閉鎖を発表（ストライキ発生） 10 フランデレン政府ペーテルス，便宜措置の厳密な適応を要求（BHV選挙区の存在に対する批判）
1998	4 ドュトルー，釈放後すぐに再逮捕．法相等辞任 4 デハーネ，司法改革を最優先課題とすることを議会で宣言 5 EMUに加入 9 史上最悪と言われる台風による被災
1999	1 マーストリヒト条約発効 4 飼料からダイオキシンが検出される 6 ヨーロッパからベルギー産鶏肉，豚肉が廃棄される．ダイオキシン疑惑により厚相，農相の辞任 約10日後の選挙でキリスト教民主主義政党（CVP）惨敗．翌日デハーネ辞任 7 ヴェルホフスタットによる自由党連立政権（キリスト教政党含まない）が成立 10 ワロン社会党党首にエリオ・ディ・ルポ，CVPはステファン・デ・クレルク，PSCはジョエル・ミルケなど世代交代進む 12 フィリップ王子，マチルドと結婚
2000	5 議会でルムンバ暗殺時のエイスケンス政府の動向についての調査スタート 9 主要6政党党首，フラームス・ブロックと連携しないとする「防疫線協定」を提携．直後の地方統一選挙でフラームス・ブロック躍進
2001	1 地方分権化された新警察組織がスタート 1 大麻合法化 この年，教員や看護師の待遇改善を求める抗議活動が頻発 7 国際オリンピック委員会，ジャック・ロゲを会長に 7 ベルギー，欧州理事会議長（輪番制．半年後の12月ラーケ

1973	イギリス，アイルランド，デンマークがEC加入
1974	3 総選挙後，ティンデマンス内閣成立
1975	経済不況の対応で物価凍結
1977	3 ティンデマンス内閣解散，総選挙 5 エフモント協定成立 6 第2次ティンデマンス内閣成立
1978	10 憲法改正できずティンデマンス内閣総辞職 副首相のファンデン・ブイナンツが暫定内閣形成後，議会解散，12月に総選挙
1979	4 マルテンス内閣成立 ランベール社が所有する鉄鋼業企業の多くを国有化する
1980	1 第2次マルテンス内閣成立するも4月に総辞職 5 第3次マルテンス内閣 10 第4次マルテンス内閣 憲法改正（共同体の権限拡大）
1981	4 エイスケンス（マーク）内閣成立．9月総辞職 11 総選挙後，第5次マルテンス内閣成立．不況による失業者のデモ
1985	5 サッカー・UEFAチャンピオンズ・カップのユヴェントス対リヴァプール戦の会場（ブリュッセル，ヘイゼル・スタジアム）でフーリガンの暴動発生，死者39人 10 総選挙．第6次マルテンス内閣成立
1987	10マルテンス内閣，フーロン問題で総辞職
1988	憲法改正（ブリュッセル2言語地域を設定）
1989	ブリュッセル首都圏特別法成立 ドュトルー，13年の懲役刑（3年で釈放）
1990	4 国王，人工妊娠中絶法に署名せず．一時，国王が「機能せず」とする
1991	6 移民第3世代の18歳以下の子供に市民権の付与を認める 11 総選挙でフラームス・ブロックが躍進（黒の日曜日）
1992	デハーネ内閣成立 9 聖ミシェル協定にて連邦制導入に各党合意（ブリュッセルを含むブラバント州の分割合意） 11 欧州連合条約を批准
1993	3 デハーネ，辞任を申し出るも国王拒否 7 憲法改正（連邦制導入） 7 ボードゥアン1世死去．アルベール2世即位へ
1994	1 平和のためのパートナーシップ協定に調印 ルワンダの平和維持軍からベルギー部隊が撤退

1952	アルメル文部大臣，カトリック系私立学校への補助増額
1954	総選挙でCVP・PSC敗北．ヴァン・アケル社会党・自由党連立政権成立
1955	私立学校の補助金を削減するコリャール法成立，カトリックの反対運動
1957	ベルギー領コンゴに地方議員選出権与えられる．アバコ党進出
	ローマ条約同盟調印．EEC，EURATOM成立
1958	ブリュッセルで世界博覧会
	6 総選挙でCVP・PSC勝利，第2次エイスケンス単独政権成立．学校協定成立
1959	政府，コンゴ独立の方針を発表（時期は明示せず）
	閉鎖予定の炭坑でストライキ
1960	コンゴ政情不安定化．ベルギー人引き揚げ開始．6.30 コンゴ共和国独立
	使用言語調査，フランデレンのボイコットで延期
	11 一括法案，議会提出．年末から翌年にかけて一括法反対ストライキ
	12 ボードゥアン1世，ファビオラと結婚
1961	1 一括法成立
	ワロン地方の炭坑労働者の運動継続
	2 コンゴのルムンバ首相暗殺
	3 総選挙後，エイスケンス内閣総辞職
	4 ルフェーブル内閣成立
	言語境界確定（第1ジルソン法制定），言語紛争激化
1963	地域言語の確定（第2ジルソン法制定），言語紛争さらに激しくなる
1965	総選挙で言語政党進出，アルメル内閣へ
1966	炭坑閉鎖反対運動
	ファンデン・ブイナンツ政権成立
	NATO本部，ベルギー移転決定
	言語，労働運動等で騒然となる
1967	ルーヴェン・カトリック大学紛争勃発
	EC成立
1968	ファンデン・ブイナンツ内閣崩壊
	ブリュッセル自由大学で大学紛争
	総選挙後，128日でエイスケンス第3次内閣成立
1970	憲法改正（地域・言語共同体を認める）
1971	11 総選挙で地域主義政党の進出が顕著

	ベルギー・ルクセンブルク経済同盟
1923	フランスとルール炭田の占領
1925	総選挙で労働党が第一党になる
1929	総選挙で「戦線党」が躍進
1930	ヘント大学，オランダ語化
1932	恐慌の影響でストライキなど多発
	フランデレンでオランダ語が最優先の行政・教育言語となる（言語法）
1934	アルベール1世，事故死．レオポルド3世即位
1935	ヴァン・ゼーラント挙国一致内閣
	ブリュッセル博覧会
1936	ドイツ，ロカルノ条約破棄．フランスとの軍事同盟破棄し中立政策に戻る
	レックス党の躍進，カトリック党の分裂，第2次ヴァン・ゼーラント連立政権
1938	スパークによる労働党連立政権
1939	英仏，ドイツへ宣戦布告．同日，ベルギーは中立を宣言
1940	5.10 ドイツ軍侵入
	5.28 レオポルド3世，無条件降伏
	5.31 国内で降伏に反対する集会
	8 ド・マン，労働党を解体
	10 ロンドンで臨時政府
1942	占領軍によるユダヤ人強制連行
1944	ノルマンディー上陸作戦
	9 連合軍ベルギー解放部隊入城．ブリュッセルなどが解放される
	9.20 レオポルド3世ドイツ連行，シャルルが摂政に
	ベルギー，全土が解放
1945	社会党，レオポルド3世の復位に反対を表明
	カトリック政党，CVP・PSCとなる
	対独協力者の裁判等始まる
	国際連合条約に調印
1946	総選挙行うが，いずれも短命政権が続く
1947	ベネルクス関税同盟調印（48年発効）
1949	エイスケンス政権成立
1950	国王復位を問う国民投票
	総選挙で社会党大勝，エイスケンス内閣総辞職
	復位反対運動激化
1951	7 レオポルド3世退位，ボードゥアン1世即位

1876	レオポルド2世，「国際アフリカ協会」設立
1878	フレール＝オルバン第2次自由党内閣
1879	フムベーク法公布
	行政の2言語制導入
1882	「国際コンゴ協会」設立
1883	教育の2言語制導入
1884	カトリック党成立と政権獲得（1914年まで単独政権続く）
1885	ベルギー労働党成立
	ベルリン会議でレオポルド2世が「コンゴ自由国」の領有を認められる
1886	ワロンを中心にした労働者の暴動
1891	カトリック系労働組合が成立．「初めての社会立法」
	ローマ教皇回勅『レールム・ノヴァルム』
1893	男子普通選挙制（複数投票制）
1898	平等法成立（法・勅令におけるオランダ語とフランス語の平等）
1899	比例代表制の導入
1906	ユニオン・ミニエール社設立
1908	コンゴ，ベルギーの植民地に
1909	アルベール1世即位
1912	デストレによる『王への手紙』
1913	国民皆兵制導入
1914	第一次世界大戦勃発
	8.2 ドイツから最後通牒
	8.3 ベルギー拒否
	8.4 ドイツ軍侵入
	8.7 リエージュ陥落，以降，8月に亡命政府はフランスへ．10月までにベルギーのほぼ全土が制圧される
1916	フランデレン運動（アクティヴィスト）活発化．10月にヘント大学のオランダ語化始まる
1918	第一次世界大戦終わる
	11.11 解放記念日
	初めて労働党が政権に参加する
	アルベール1世，フランデレン問題解決を約束
1919	男子普通選挙の実施
	オランダに領土要求
1920	国際連盟参加
	9 フランスと軍事協定
1921	普通選挙制導入

1579	パルマ公ファルネーゼによるアラス同盟．続いて北部７州によるユトレヒト同盟
1585	スペイン軍がアントワープを征服
1598	フェリペ２世，ネーデルラントを娘のイザベラと夫アルブレヒト大公に譲る
1648	5 スペイン，ミュンスターの和約で連合共和国（オランダ）の独立を承認 10 ウェストファリア条約成立
1667	フランスとオランダの間で南ネーデルラントをめぐる戦争(断続的に1697年まで)
1701	スペイン継承戦争
1713	ユトレヒトの和議．南ネーデルラントはオーストリア＝ハプスブルク家の領土に
1740	マリア＝テレジア即位
1780	ヨーゼフ２世即位
1787	ヨーゼフ２世の改革に対する抵抗運動始まる
1789	ブラバント革命
1790	1 ベルギー共和国独立宣言 12 オーストリア軍が奪還
1792	フランス軍がオーストリア軍を破り，南ネーデルラント支配
1795	10 フランス，南ネーデルラントの併合を宣言
1804	ナポレオン，皇帝となる．フランス語政策始まる
1814	ウィーン会議開催（～1815年） ネーデルラント連合王国の主権認められる
1815	ワーテルローの戦い 9 ウィレム１世即位 (1819年からオランダ語教育政策の開始)
1828	ウィレム１世の統治に反発する同盟（ユニオニスム）結成
1830	7 パリで７月革命．ワロン地方で暴動が頻発 8 ベルギー「音楽革命」 10 ベルギー，独立を宣言 11 ロンドン会議開催（～1831年）
1831	6 レオポルド１世，国王に迎え入れられ，７月に宣誓式 ロンドン会議の決定をオランダが拒否
1839	オランダがベルギーの独立を承認
1846	自由党設立
1847	ロジェ自由党内閣成立
1857	フレール＝オルバン自由党内閣成立
1865	レオポルド２世即位
1873	フランデレンの裁判所でオランダ語の使用を認める

ベルギー関連年表

年	主な出来事
紀元前	
58～51	カエサル，ガリア出征．ローマの属州ガリア・ベルギカとなる
紀元後	
406	この時期ゲルマン民族のフランク族がガリアに侵入
481	メロヴィング家のクローヴィス，フランク王となる（首都トゥルネー）
751	ピピン，カロリング朝を創始
800	シャルルマーニュの戴冠
843	ヴェルダン条約によりフランク王国の３分割
850頃	ノルマン人（ヴァイキング）の来襲
870	メルセン条約による東西フランクへの再編
876	フランドル領主，ノルマン人に備えてヘントに要塞建造
1099	第１回十字軍でブイヨン公がエルサレムの聖墳墓守護者となる
1297	フランドル地方をフランスが編入
1302	7.11 金拍車の戦いでフランス軍に勝利
1384	ブルゴーニュ公国のフランドル進出が始まる．おおよそ1473年までにベルギー地方を統一．1400年ごろ，フィリップ善良公の下でブルゴーニュ文化が栄える
1467	ブルゴーニュのシャルル突進公が登場
1477	シャルル突進公戦死．娘マリーは1482年にハプスブルク家のマクシミリアン公と結婚
1483	マリーの死によりネーデルラントはマクシミリアン公に帰属
1500	カール５世生まれる
1519	マクシミリアン没．カール５世が神聖ローマ帝国皇帝となる．1543年までにネーデルラントの支配権を継承
1548	このころカルヴァン派信仰が広がる．ネーデルラント17州は神聖ローマ帝国内で自治権を獲得
1555	フェリペ２世がネーデルラントを継承．翌年スペイン王となる．スペイン統治に対する抵抗が始まる
1566	4 抵抗組織であるヘーゼン党の誕生 8 全ネーデルラントに抵抗運動が広がる
1575	スペインの暴虐
1576	ヘントの和約

松尾秀哉（まつお・ひでや）

1965年生まれ．一橋大学社会学部卒業後，民間企業勤務を経て，2007年，東京大学大学院総合文化研究科博士課程修了．聖学院大学政治経済学部准教授，北海学園大学法学部教授などを経て，18年より龍谷大学法学部教授．専門は比較政治，西欧政治史．

著書『ベルギー分裂危機』（明石書店，2010年）
『連邦国家ベルギー』（吉田書店，2015年）
『ヨーロッパ現代史』（ちくま新書，2019年）
共編著『紛争と和解の政治学』（ナカニシヤ出版，2013年）
『連邦制の逆説？』（ナカニシヤ出版，2016年）
『教養としてのヨーロッパ政治』（ミネルヴァ書房，2019年）など
共著『模索する政治』（ナカニシヤ出版，2011年）
『世界の見方，個の選択』（新泉社，2012年）など

物語《ものがたり》 ベルギーの歴史《れきし》
中公新書 *2279*

2014年8月25日初版
2020年12月25日3版

定価はカバーに表示してあります．落丁本・乱丁本はお手数ですが小社販売部宛にお送りください．送料小社負担にてお取り替えいたします．

著　者　松尾秀哉
発行者　松田陽三

本文印刷　三晃印刷
カバー印刷　大熊整美堂
製　本　小泉製本

発行所　中央公論新社
〒100-8152
東京都千代田区大手町 1-7-1
電話　販売 03-5299-1730
　　　編集 03-5299-1830
URL http://www.chuko.co.jp/

Published by CHUOKORON-SHINSHA, INC.
Printed in Japan　ISBN978-4-12-102279-0 C1222

中公新書刊行のことば

いまからちょうど五世紀まえ、グーテンベルクが近代印刷術を発明したとき、書物の大量生産は潜在的可能性を獲得し、いまからちょうど一世紀まえ、世界のおもな文明国で義務教育制度が採用されたとき、書物の大量需要の潜在性が形成された。この二つの潜在性がはげしく現実化したのが現代である。

いまや、書物によって視野を拡大し、変りゆく世界に豊かに対応しようとする強い要求を私たちは抑えることができない。この要求にこたえる義務を、今日の書物は背負っている。だが、その義務は、たんに専門的知識の通俗化をはかることによって果たされるものでもなく、通俗的好奇心にうったえて、いたずらに発行部数の巨大さを誇ることによって果たされるものでもない。現代を真摯に生きようとする読者に、真に知るに価いする知識だけを選びだして提供すること、これが中公新書の最大の目標である。

私たちは、知識として錯覚しているものによってしばしば動かされ、裏切られる。私たちは、作為によってあたえられた知識のうえに生きることがあまりに多く、ゆるぎない事実を通して思索することがあまりにすくない。中公新書が、その一貫した特色として自らに課すものは、この事実のみの持つ無条件の説得力を発揮させることである。現代にあらたな意味を投げかけるべく待機している過去の歴史的事実もまた、中公新書によって数多く発掘されるであろう。

中公新書は、現代を自らの眼で見つめようとする、逞しい知的な読者の活力となることを欲している。

一九六二年一一月

世界史

中公新書

世界史

中公新書

地域・文化・紀行

t1

285 日本人と日本文化 司馬遼太郎 ドナルド・キーン
605 絵巻物に見る日本庶民生活誌 宮本常一
201 照葉樹林文化 上山春平編
799 沖縄の歴史と文化 外間守善
2298 四国遍路 森 正人
2151 国土と日本人 大石久和
2487 カラー版 ふしぎな県境 西村まさゆき
1810 日本の庭園 進士五十八
2511 外国人が見た日本 内田宗治
1909 ル・コルビュジエを見る 越後島研一
1009 トルコのもう一つの顔 小島剛一
2169 ブルーノ・タウト 田中辰明
2032 ハプスブルク三都物語 河野純一
2183 アイルランド紀行 栩木伸明
1670 ドイツ 町から町へ 池内 紀

1742 ひとり旅は楽し 池内 紀
2023 東京ひとり散歩 池内 紀
2118 今夜もひとり居酒屋 池内 紀
2331 カラー版 廃線紀行―もうひとつの鉄道旅 梯 久美子
2290 酒場詩人の流儀 吉田 類
2472 酒は人の上に人を造らず 吉田 類